版权声明

Authorized translation from the English language edition, entitled LISTENING TO CHILDREN: TALKING WITH CHILDREN ABOUT DIFFICULT ISSUES, 1E, ISBN: 9780205326488 by Nancy Close, published by Pearson Education, Inc., Copyright © 2002 by Pearson Education, Inc.

All rights reserved. No part of this book may be reproduced or transmitted in any form or by any means, electronic or mechanical, including photocopying, recording or by any information storage retrieval system, without permission from Pearson Education, Inc.

CHINESE SIMPLIFIED language edition published by CHINA LIGHT INDUSTRY PRESS LTD., Copyright © 2020.

本书封面贴有Pearson Education（培生教育出版集团）激光防伪标签。无标签者不得销售。

保留所有权利。非经中国轻工业出版社"万千教育"书面授权，任何人不得以任何方式（包括但不限于电子、机械、手工或其他尚未被发明或应用的技术手段）复印、拍照、扫描、录音、朗读、存储、发表本书中任何部分或本书全部内容，以及其他附带的所有资料（包括但不限于光盘、音频、视频等）。中国轻工业出版社"万千教育"未授权任何机构提供源自本书内容的电子文件阅览、收听或下载服务。如有此类非法行为，查实必究。

Listening to Children:
Talking with Children about Difficult Issues

倾听孩子

——教师和家长怎样与幼儿谈论棘手的话题

［美］南希·克洛斯（Nancy Close）／著

胥兴春　胡　月　等／译

中国轻工业出版社

图书在版编目（CIP）数据

倾听孩子：教师和家长怎样与幼儿谈论棘手的话题／（美）南希·克洛斯（Nancy Close）著；胥兴春等译. —北京：中国轻工业出版社，2020.3（2025.1重印）
ISBN 978-7-5184-2633-1

Ⅰ.①倾… Ⅱ.①南… ②胥… Ⅲ.①儿童教育-家庭教育 Ⅳ.①G781

中国版本图书馆CIP数据核字（2019）第262541号

责任编辑：吴　红　牟　聪　　责任终审：杜文勇
策划编辑：吴　红　　　　　　责任校对：刘志颖　　责任监印：吴维斌

出版发行：中国轻工业出版社（北京鲁谷东街5号，邮编：100040）
印　　刷：三河市鑫金马印装有限公司
经　　销：各地新华书店
版　　次：2025年1月第1版第5次印刷
开　　本：880×1230　1/32　印张：6
字　　数：81千字
书　　号：ISBN 978-7-5184-2633-1　定价：38.00元
读者热线：010-65181109，65262933
发行电话：010-85119832　传真：010-85113293
网　　址：http://www.chlip.com.cn　http://www.wqedu.com
电子信箱：1012305542@qq.com
版权所有　侵权必究
如发现图书残缺请拨打读者热线联系调换
242422Y1C105ZYW

译者序

走"进"孩子,从"听"开始

孩子究竟在想些什么?我们究竟该如何与孩子沟通?这是许多家长和教师困惑与关心的问题。从沟通的角度来看,倾听是沟通的前提。倾听是家长和教师与幼儿有效沟通的第一步。只有善于倾听孩子的心里话,我们才能知道孩子关注什么、需要什么,才能有针对性地给予孩子关心和帮助,也才能使以后的沟通变得更加容易和顺畅。通过倾听,成人可以了解孩子的心情,并表达对孩子的爱与关注,从而建立更亲密的亲子关系或师幼关系。倾听只是沟通的开始,只是我们走进孩子内心的方式、叩开孩子心灵大门的钥匙,倾听的目的是有效地沟通和交流。

从个体生命成长来说,最初的沟通源自父母发起的亲子对话与交流,是孩子在聆听父母的声音。随着孩子语言理解与表达能力的发展,他们逐渐萌发出表达的愿望和行为,并主动发起沟通行为。这时,孩子的话语逐渐增多,似乎有说不完的话。他们需要"忠实的听众",家长、同伴、教师,甚至花草树木,都成为他们交流的对象。同时,随着孩子自我

意识和概念的逐渐萌发,他们有了独立思考的意识,对很多事情有了自己的观点和想法,也逐渐有了自己的"小秘密"。从思维和语言的发展来说,这就是由外部语言发展为内部语言,是语言"内化"的过程和结果。孩子不再无话不说、无人不讲,他们逐渐变得自我"封闭"起来。这虽然是孩子成长的必然现象,但仍值得家长与教师的关注。此时,如果家长或教师没有倾听意识,不愿意听孩子把话说完,而是将自己的意见强加给孩子,就容易导致孩子把秘密藏在心里,不愿与家长或教师沟通,甚至会认为家长或教师不尊重自己而产生不信任感和对抗情绪,导致亲子沟通或师幼沟通不畅,进而影响孩子的健康成长。

走"进"孩子,从"听"开始。近年来,在早期教育研究与实践中,人们日益重视与儿童进行交流和对话。我们该如何走"进"儿童呢?观察是第一步。只有在观察的基础上,成人才能确定如何有效地支持儿童发展并开展相应的教育活动。因此,儿童教育工作者和家长需要更进一步走进儿童,才能与儿童进行对话与交流。与儿童沟通不但需要情感交流,更需要技巧和方式。倾听与沟通不是简单的"听"与"说",而是成人要尽可能地理解儿童当下的体验,让儿童感到自己被倾听。这需要成人耐心地倾听、敏感地观察、有效地鼓励、积极地回应和无条件地支持,以此引发幼儿心情愉快地讨论和沟通，包括谈论任何敏感和棘手的话题。不管话题有多棘手，只要有人愿意倾听幼儿说话并对其要说的话感兴趣，就能鼓励他们大胆、主动地沟通与表达。

《倾听孩子——教师和家长怎样与幼儿谈论棘手的话题》的作者南希·克洛斯（Nancy Close）教授就职于美国耶鲁大学儿童研究中心，长期从事幼儿发展研究、幼儿教育与儿童咨询实践，并逐渐从一名幼儿园教师成长为儿童治疗师、大学教授和儿童咨询师。她负责开发和指导幼儿园治疗项目，并组织实施幼儿发展评估和心理治疗；她还给本科生及研究生教授儿童发展，发展性评价，语言、文学和游戏发展以及儿童治疗等课程。

克洛斯教授根据自己临床工作的经验和30多年来在教育方面与儿童接触的积累，在本书中筛选出了生活与教育实践中令家长和教师感到棘手的敏感话题，如恐惧、愤怒、死亡、失望等，在描述每个话题的基本观点及阐释其对儿童发展价值的基础上，她以幼儿的对话、问题和想法为例，力图让幼儿家长及儿童教育工作者直观地感受到与幼儿对话的过程和方式，让大家充分地意识到倾听幼儿想法的重要价值。该书为包括学前教育专业大学生、幼儿园教师、幼儿家长及儿科医生在内的各类儿童工作人员及家庭成员，提供了与幼儿交流和谈论日常问题及棘手话题的清晰思路和可操作的方

法，为成人倾听幼儿的声音并与他们展开有效的沟通提供了很有价值的建议。

本书由西南大学的胥兴春牵头组织翻译，具体章节的翻译人员分别为："前言"和前四章由西南大学的胥兴春和姜晓翻译，后四章和"结束语"由洛阳师范学院的胡月翻译。全书由胥兴春负责统校，姜晓和胡月协助完成了部分统稿和校对工作；书稿交稿后，中国轻工业出版社安排人员对稿件进行了校对和编辑加工，并提出了一些修改意见与建议。在此一并表示感谢！

胥兴春

2019年7月于西南大学

前　言

许多年前，在我还是一名年轻的幼儿园教师时，有一位主管，她似乎总是能够鼓励孩子们和她谈论任何事情（包括一些棘手的问题，如强烈的负面情绪或祖父母的去世）。听到这样的对话后，我会尽快拿出我的日志，尽量把她通过说了什么话以鼓励孩子们谈话的过程准确地记录下来。在她的帮助下，我很快就了解到，这份魔力不是因为她说了什么话，而是来自孩子们对她说的话，以及她如何用孩子们的话来帮助他们提出问题或分享感受。我的主管能够敏感而有思想地观察孩子们的行为。当和孩子们交谈时，她也能够应用这些观察结果。此后，我便把注意力从机械重复主管的话转移到仔细观察年幼的孩子上。继成为一名年轻教师之后，我又成了一名家长、一名儿童治疗师、一名大学教授和一名咨询师。在所有的这些角色中，我都专注于用观察来塑造我与孩子们交流的方式。我会观察孩子们的行为，而且在我开始说话之前，我会先倾听孩子们想说什么。

我希望这本书能够吸引广大读者，包括大学生、幼儿园教师、家庭成员以及儿童治疗师、儿科医生、护士和家长。我

写这本书的目的很简单——我希望成人能够鼓励幼儿交流和谈论日常问题以及敏感和棘手的话题；我希望成人在谈论死亡、恐惧、怀孕和年幼孩子的出生等问题时能感到舒服自在；我还希望成人对幼儿可能知道的或思考的这些问题抱有善意，这样他们就能倾听幼儿在说什么或问什么。这种善意很容易传达给幼儿，这能够让幼儿真正地开始讨论。一旦幼儿对谈论和询问任何话题都感到舒服自在，他们就会感到被理解，交流的可能性就会无限延伸下去。我们知道，那些感到被理解并能够以适宜的方式交流自己想法和感受的幼儿，很可能会成为不断思考、感受和与他人互动的个体。

在具体讨论幼儿告诉我们的各种话题之前，我们需要探索有关幼儿认知、社会性、情感和语言发展的信息。书中剩下的章节探讨了这个年龄段最重要的问题：第三章"我怕黑暗会夜夜把我困住"，探索了学龄前儿童表现出的共同的恐惧；第四章"我想杀了我的妈妈"，讨论了如何应对生气、愤怒和具有攻击性的情绪；第五章"你死后，我能住在你家吗"，探究了孩子们对死亡、分离和失去的理解；第六章"我认为关于鲸鱼的法律是正确的"，探索了如何帮助孩子们表达和扩展他们关于世界的概念性知识；第七章"我会恨那个孩子一辈子"，把我们带入了这个备受讨论的话题——兄弟姐妹；第八章"这很重要。当4岁时，我就是一个男人了，我要得到一辆车",探索了学龄前儿童的愿望和失望以及自尊的问题。

在所有的章节中,我都描述了与每个问题相关的基本观点,以及为什么这些特殊问题对儿童如此重要。我还讨论了如何帮助儿童在这些问题上表达自己的观点。我使用孩子们的对话、问题和想法作为例子,并将其贯穿于本书的全部章节之中。虽然对儿童的问题和评论的一些回答和解释与理论和经验数据直接相关,但其中许多回答和解释来自我的临床工作经验和30多年来在教育方面与儿童接触的积累。我对孩子们的独特的回应方式,可能会也可能不会引起正在读这本书的学生、教师或家长的共鸣。在和孩子说话时,我们都需要培养自己的声音、注意力和风格。在所有风格中需要保持不变的是,要让孩子们知道他们的想法和问题是有意义的,而且当他们表达自己的想法或问题时,不管话题有多棘手,总有人在倾听他们并对他们要说的话感兴趣。

以下评论家的见解和专业知识在本书的写作过程中为我提供了非常大的帮助:美国河流学院的芭芭拉·吉洛格利、中佛罗里达大学的南希·休斯以及乔治·梅森大学的罗伯特·帕斯纳克。

目 录

译者序　走"进"孩子，从"听"开始 ········· I
前言 ································· V

第一章　倾听孩子的声音 ··············· 1
　　引言 ······························ 1
　　小结 ······························ 4

第二章　幼儿发展概述 ················· 7
　　发展概述 ·························· 7
　　　　依恋与分离 ···················· 7
　　情感的发展 ······················· 20
　　　　与孩子讨论其情感 ············· 22
　　认知发展 ························· 25
　　　　婴儿期 ······················· 25
　　　　学步期 ······················· 26
　　　　学龄前期 ····················· 27
　　语言发展 ························· 29

游戏与发展 ································· 32
    游戏和认知 ······························ 35
    游戏与社会性和个性发展 ············ 37
    游戏的功能 ······························ 39
    游戏的类型 ······························ 42
    游戏的发展 ······························ 44
    游戏能够帮助孩子吸收困难经历 ··· 46
    游戏能够帮助孩子表达情感 ········ 46
    游戏能够帮助孩子表达冲突 ········ 47
    玩具和象征性游戏 ····················· 48
小结 ·· 49

第三章 "我怕黑暗会夜夜把我困住。"——帮助孩子谈论恐惧 ················ 51

孩子们的恐惧 ································ 51
了解恐惧 ······································ 55
    幼儿和恐惧认知的影响 ··············· 56
恐惧与发展阶段有关 ······················ 59
    婴儿期的恐惧 ··························· 59
    学步期的恐惧 ··························· 59
    学龄前期的恐惧 ························ 60

帮助孩子应对恐惧·············· 61
　　　　多少信息················ 63
　　　　儿童对恐惧问题的反应·········· 63
　　　　在感情和行为之间建立联系········· 64
　　　　恐惧和发展阶段············· 65
　　　　恐惧的独特含义············· 66
　　小结···················· 67

第四章　"我想杀了我的妈妈。"——应对生气、攻击性和
　　　　愤怒的感受················ 69
　　孩子们对愤怒和攻击性的表达·········· 69
　　攻击性发展的不同方面············· 71
　　　　对攻击性的疏导············· 71
　　　　学步期儿童和攻击性··········· 75
　　　　学龄前儿童和攻击性··········· 76
　　帮助孩子表达愤怒··············· 77
　　小结···················· 81

第五章　"你死后，我能住在你家吗？"——儿童对死亡、
　　　　分离和失去的看法············· 83
　　儿童对死亡的好奇··············· 83

儿童对死亡的看法和疑问⋯⋯⋯⋯⋯⋯⋯⋯⋯⋯ 85
儿童的死亡观⋯⋯⋯⋯⋯⋯⋯⋯⋯⋯⋯⋯⋯⋯ 87
帮助儿童谈论死亡⋯⋯⋯⋯⋯⋯⋯⋯⋯⋯⋯⋯⋯⋯ 89
与分离或个性化有关的死亡⋯⋯⋯⋯⋯⋯⋯⋯ 89
儿童与死亡⋯⋯⋯⋯⋯⋯⋯⋯⋯⋯⋯⋯⋯⋯⋯ 92
小结⋯⋯⋯⋯⋯⋯⋯⋯⋯⋯⋯⋯⋯⋯⋯⋯⋯⋯⋯ 109

第六章 "我认为关于鲸鱼的法律是正确的。"——如何帮助儿童表达和扩展他们对世界的认知⋯⋯⋯⋯⋯ 111
儿童的批判性思维⋯⋯⋯⋯⋯⋯⋯⋯⋯⋯⋯⋯⋯⋯ 111
班级会议⋯⋯⋯⋯⋯⋯⋯⋯⋯⋯⋯⋯⋯⋯⋯⋯ 114
小结⋯⋯⋯⋯⋯⋯⋯⋯⋯⋯⋯⋯⋯⋯⋯⋯⋯⋯⋯ 127

第七章 "我会恨那个孩子一辈子。"——帮助幼儿讨论兄弟姐妹和分娩⋯⋯⋯⋯⋯⋯⋯⋯⋯⋯⋯⋯ 129
幼儿与新生同胞⋯⋯⋯⋯⋯⋯⋯⋯⋯⋯⋯⋯⋯⋯⋯ 131
幼儿对成为哥哥（姐姐）的感受⋯⋯⋯⋯⋯⋯ 131
关于新生同胞的典型冲突⋯⋯⋯⋯⋯⋯⋯⋯⋯ 132
宝宝是从哪里来的？⋯⋯⋯⋯⋯⋯⋯⋯⋯⋯⋯ 139
小结⋯⋯⋯⋯⋯⋯⋯⋯⋯⋯⋯⋯⋯⋯⋯⋯⋯⋯⋯ 143

第八章 "这很重要。当4岁时,我就是一个男人了,我要得到一辆车。"——如何在帮助学龄前儿童表达愿望和失望的同时谈论自尊的话题 ············ 145
   支持自尊的发展 ·· 145
      自尊与幼儿 ·· 146
      帮助儿童谈论冲突 ·································· 153
   小结 ··· 159

结束语   讨论棘手的话题 ······························· 161
参考文献 ·· 167

第一章

倾听孩子的声音

引　言

最近，我参加了一个为交友而举办的"宝宝派对"，在派对中有经验的母亲们被请来为新手父母提供建议。我提出的一点智慧就是"要相信发展的力量。当你给予孩子爱、支持、信心和指导时，可让孩子在发展中发挥引导作用"。孩子们能引导我们的方式之一就是通过他们的话语。这本书的主要目的是使读者，如家长、教师以及所有与孩子互动的成人，相信并尊重孩子们要告诉我们的事情，并给予适当和充满尊重的回应。有很多方法可以帮助孩子们告诉我们对他们来说重要的问题。对于2—5岁的孩子来说，这些问题包括他们共同的恐惧、对愤怒情绪的处理、攻击性行为、兄弟姐妹、出生和死亡、面对成长中的愿望和失望以及了解整个世界。

在探讨2—5岁的孩子如何与我们谈论对他们来说重要的问题之前，有必要描述这个年龄段孩子的一些共同特征以及令他们感到棘手的典型问题。这个年龄段的孩子正在努力

变得独立自主，但他们仍然不相信自己是独立自主的。他们可能在某一时刻固执地坚持要完全控制自己，而在下一时刻又感到非常害怕、无助和吃力。这个年龄段正常发育的孩子已经能投入与重要他人（即父母或主要照顾者）的关系中，并且对自己和他人拥有一种信任感。他们也关心这些重要他人如何回应他们以及他们的行为和想法。这个年龄段的孩子在思维和行为上都具有强烈的自我中心的特点，听到一个4岁的孩子说"马娅不能有任何东西，因为我现在想和他们一起玩"这种话并不罕见。随着儿童语言能力的增强，他们能够象征性地进行思考，但这种思维具有非常僵化的特点——"你必须离开秋千，因为我比你强壮"。学龄前儿童也开始意识到，在他们的世界里，大多数事件的发生以及人和事的存在都是有理由解释的。然而，他们的理由有一种强烈的自我中

乔纳森，3岁

心的味道。例如，孩子们会认为"太阳之所以发光，是因为它自己想发光"。

那么，为什么鼓励孩子与我们交流、交谈是重要的呢？是为了让他们更理性、减少自我中心吗？这也许是一个长期目标，但请记住，我们应该相信发展的力量；如果相信，我们就会发现，孩子们最终会变得更理性、更无私，在思维和人际关系上也会变得更灵活。因此，出于其他一些原因，我们鼓励他们进行对话。当孩子们说话时，我们可以帮助他们协调身体活动（比如，在美国，要用语言表达愤怒的想法，而不是打、踢或咬）。孩子们也可以通过谈话来解决冲突、提出问题、寻求安慰、表达思想和感情。成人可能会经常想："哦，学龄前儿童不会思考诸如出生、死亡、事情的原因等类似的问题。"但是，当真正倾听孩子时，我们可以知道，其实他们有很多想法和信息。这些信息可能是准确的、不准确的或扭曲的。因此，当孩子们说话和提问时，我们就有机会帮助他们澄清信息。如果我们对他们说的话表现出兴趣，而不是说诸如"哦，太阳不会思考自己为什么会发光"此类的话，孩子们就会逐渐发展起对自己表达能力的信心，同时，他们也会因此有机会获得新的信息，最重要的是，孩子们会拥有"被理解感"。

埃米莉,4岁

小 结

在本书中,我将强调与幼儿交谈的三个重要组成部分:我们必须始终尊重他们,对他们说的话感兴趣;我们必须站在他们的立场与其对话;我们必须小心谨慎,不要压倒他们,不要询问太多,也不要给予他们超出其处理能力范围的信息。

最近,国家研究委员会和医学研究所赞助的一项研究将其研究焦点定于生命前5年的重要信息(Shonkoff & Phillips,

2000）。研究发现，孩子们能够不断地意识到他们所处环境的变化，并对他们所处的环境做出反应。他们可能会严重地受照顾者情绪或环境质量的影响而心情低落。研究还发现，在孩子生命前5年里产生的积极影响，将会持续地、积极地影响孩子的发展。根据这项研究，对 DGY 公司（2000）同时进行的一项研究的结果进行检验是很有趣的，该研究发现，父母在抚养年幼的孩子时被误导了。其中一些错误的信息令人震惊。60% 的幼儿父母认为，当6个月大的婴儿哭的时候，如果大人立即把他抱起来，孩子就会被宠坏。婴儿必须有他们的哭声和对他们需求的回应，以发展他们对自己和世界的基本信任（Erikson，1950）。60% 的父母认为，打屁股是一种常规的惩罚方式。然而研究表明，打屁股会导致攻击性行为和欺凌行为。这只是由知识差距造成的两个方面，它们表明，对于能够倾听孩子们讲话、理解他们在说什么而言，了解与早期"发展"有关的知识至关重要。

第二章

幼儿发展概述

发 展 概 述

幼儿有着丰富且复杂的内心生活。他们拥有愿望、梦想、困惑、冲突、担忧和强烈的情感。他们接触和感受内心生活的能力取决于他们在社会性、情感、认知和语言方面的发展。与儿童互动的成人需要了解儿童在这些领域的发展情况。在了解后,当儿童问一些看起来很难回答的问题时,成人便能够理解并做出回应。能理解儿童的思维、感觉和交流方式的成人可以找到回答他们问题的方法,如此,儿童就能扩展他们的问题并在各个领域获得发展。本章将探讨依恋、分离、情感表达与调节、认知、语言、游戏等方面的发展概况。

□ 依恋与分离

依恋理论

有很多关于依恋如何发展的理论观点。有些人认为新生儿对母乳气味和声音的敏感可能会提升依恋水平。有些人则

认为婴儿天生就有形成依恋的倾向。认知主义学者认为，儿童在能够发展出依恋之前，必须发展出某种形式的客体永久性。行为主义学者发现，当主要照顾者满足婴儿的需要时，照顾者就会成为一种重要的强化条件。哈洛（1959）在他对猴子与母亲分离的研究中发现，猴子会从同伴身上或从穿着衣物的母猴身上寻求某种接触的舒适感。因此，他得出了依恋可能有一个更为基础的动机的结论。生态主义学者（Bowlby，1969；Robertson，1953）认为，依恋是一种固定的行为模式，该模式是由关键期所释放的刺激引发的。发展的关键期最近受到了媒体的广泛关注。大脑研究表明，在生命的最初几年，具有关怀、保护和丰富刺激的环境可以支持大脑生长的最优化，而一个不利的环境或虐待、忽视的经历将会导致大脑发育迟缓。由此可见，依恋的形成是多种因素共同作用的结果。婴儿似乎天生具有依恋的能力。对他们基本的生理需求做出反应的环境必须是充满爱的、敏感的和持续的，这样他们才能发展出基本的信任感，在认知上发展出客体永久性的概念，并开始变得独立和自主。

早期依恋 5岁时，婴儿会从易困倦、具有反射性和无助性的新生儿，成长为会走路、说话、思考、感觉丰富和半独立的儿童。婴儿在生命的前3个月里有巨大的发展。观察一个3个月大的婴儿，他（她）正躺在床上与一个摇拨浪鼓的成人互动。即使只观察5分钟,你也可能会看到婴儿微笑着对大人咕咕叫,然后翻身并抓住拨浪鼓。在这个案例中,你将看到婴儿在发展关系、协调行动与动作控制、发声及表达等领域的快速发展。尽管婴儿在各个领域都发展迅速,但他(她)与成年看护人关系的发展尤为明显。如果观察婴儿对一个熟悉的成人的反应,你会看到他(她)灿烂的笑容,同时手脚也兴奋地晃动着。你可以感觉到婴儿对一个重要看护人的强烈依恋。一旦看到这一点,你就很容易理解人际关系在发展中的核心作用(Provence,1977)。婴儿自出生时就喜欢看人的脸、听人的声音。研究表明,新生儿能够识别母亲的声音和母乳的气味。换句话说,新生儿在来到这个世界的时候,就已经做好了与他人建立联系的准备。人们也普遍认为,婴儿早期与照顾者之间的经历对其人际关系的发展具有持久的意义和影响(Freud,1965;Ainsworth,1978)。正是这种婴儿出生后经历的第一种关系,使得孩子们能够在日后发展出与他人相互满意的关系。如果这是一种可预测的、持续的、充满爱的关系,那么婴儿就会对自己和他人产生一种基本的信任感(Erikson,1950)。正是这种基本的信任感,使得学步儿童能够朝着独立(Mahler,1975)和自主(Erikson,1950)的方向努力。

走向独立 当幼儿对关系有足够的投入,并发展出基本的信任感和积极的自我意识时,他们就有了控制自己冲动的动力,这导致了内部控制的发展(Freud, 1965)。在学步儿和学龄前儿童努力从父母那里获得更多独立机会的同时,他们也在不断地努力应对充满着爱与攻击性的混合状态。在一个可预测、充满关怀和具有发展支持性的环境中,他们最终能够学会减少自我中心化,能够在他们对自己所爱的人失望或生气的情况下仍然保持着爱的情感和忠诚。他们通常知道他们的愤怒是可以表达的,并且不会伤害任何人(Greenacre, 1960)。一旦学龄前儿童发展出更多的自我控制能力,他们就能更好地忍受挫折,在处理与他人的人际关系时更加体贴周到,从而为自己进入同伴关系的世界做好准备。同时,他们也开始内化父母的态度和价值观,这使孩子们在变得更加独立时,仍能与父母保持联系。

依恋的质量 依恋通常通过孩子保持与看护者接触或亲近的努力程度、孩子与最初的依恋对象分离时表现出的焦虑,以及孩子与父母团聚时的反应来衡量。安斯沃思、布莱哈、沃尔特斯和韦尔(Ainsworth, Blehar, Walters, & Well, 1978)开发了一种经验主义范式来测量儿童依恋的质量。他们发现,儿童的依恋可以划分为安全型依恋和不安全型依恋。不安全型依恋又包括三个子类:回避型、抗拒型和回避抗拒混合型。他们发现,安全型依恋的孩子会与他人产生亲密互动,与父母分开时哭喊的可能性更小。年龄较大的儿童在学校里表现为快乐、社交性强、积极和自立。安斯沃思等人还发现,随着家庭条件和人际关系的改变,儿童的依恋模式也会发生变化。

依恋过程 依恋从出生时便开始。直到3个月大,婴儿的依恋行为都是不加选择的。3—4个月时,婴儿开始选择熟悉的人而不是陌生人;6—7个月时,婴儿的依恋才明确地建立起来,并表现为对主要照顾者的依赖性增强。在这段时间里,当母亲或父亲离开房间,或当一个外地的祖父母到来并期待看到婴儿灿烂的笑容时,原本开心的、面带笑容的婴儿经常会开始哇哇大哭。15个月大的时候,大多数婴儿都开始蹒跚学步。他们通常很活跃,对自己新获得的行走能力感到异常兴奋。孩子对主要照顾者的爱通常会扩展到他(她)的整个世界及所有活动中。因此,年幼的学步儿经常被描述为"爱上这个世界"。一旦学步儿发展出具有代表性的智力和行走能力,他们就开始意识到有必要与主要的照顾者分开。这一令人兴奋和痛苦的过程被称为"和解阶段",通常在3岁半以前完成(Mahler,1975)。

分离

很明显,在积极的依恋关系中,孩子需要逐渐与父母分离并逐步个性化。处理分离问题是一个终生的过程,其中最终的分离就是死亡。依恋和分离问题的研究者(Ainsworth et al., 1978; Bowlby, 1969; Mahler, 1975; Robertson, 1953)承认,对失去和分离经历的正常反应是对分离的抗议、愤怒和焦虑的混合情绪。孩子们确实有过与父母分离的真实、强烈、痛苦的经历。这可能发生在一个3岁孩子第一次上幼儿园的时候;一个蹒跚学步的孩子拥有一个新保姆的时候;一个青少年离开家去上大学的时候;一位忙碌而沉迷于工作的家长走进另一个房间,却没有告诉自己的学龄前孩子自己在哪里的时候;甚至在一个长期待在日托中心的孩子感到特别脆弱的时候。因为我们都有保护孩子免受危险的本能,所以我们可能会奇怪为什么要让孩子们经历这些。我们能做些什么来保护他们免受这种残酷的感觉呢?我们甚至认为可以避免让孩子体验这些不可避免的感觉,而这其实是在伤害我们的孩子和我们自己。事实上,这些感觉是自然的,当我们帮助孩子们承认、接受、理解、表达和处理这些感觉时,他们的情感生活会丰富起来,他们也能在发展中继续前进。此外,当我们帮助孩子们掌控分离焦虑时,他们就能更好地应对与死亡有关的焦虑或问题。

发展阶段和对分离的反应 分离的经历和伴随分离产生的感觉对不同发展阶段的孩子具有不同的意义。每一个发展阶段的孩子都有不同的技能来帮助他们应对分离。当教大学生学习关于分离的心理学知识时,我们会让他们思考自己近期重要的分离经历——离开家上大学。由于以往有过分离的经历,因此当年轻人离开家的时候,他们能以适应的或非适应的方式应对分离。他们拥有很多关于父母、家庭成员、住所和朋友的记忆。当产生矛盾情绪时,他们往往能理解并表达出来。他们有能力在脑海中勾勒出一幅他们所爱的人的相当详细的画像,同时他们对自身成长中独立性的发展也有一些自己的想法。

处理分离问题的影响 虽然青少年有很多技能来帮助自己应对分离的痛苦,但他们有时仍然需要非常努力才能应对。幼儿必须努力以应对分离,他们的应对技能还未达到青少年的水平。一般来说,孩子处理分离和失去的经历的方式受多种因素的影响。幼儿最常见的分离经历就是当他们每天进入日托中心后,必须离开父母。影响儿童处理分离焦虑情绪能力的因素包括:儿童与其主要照顾者的关系的质量、儿童的发展水平、先前的分离经历、日托项目的质量、孩子离家时建立的家庭与住所之间的联系。成人帮助儿童应对分离焦虑的目标是帮助他们保持与主要照顾者的内在联系。孩子

在完成这项目标时所需要的帮助的数量和程度，取决于其发育水平和情绪健康程度。例如，学龄前儿童在妈妈刚从医院带回一个新生儿时，可能更难以处理离开妈妈去上学的焦虑情绪。有时，孩子会让我们很惊讶，他们会毫不费力地应付上述情景；但几周以后，在适应了有一个弟弟（妹妹）的想法，并且觉得自己可以足够舒服地体验并表达对小婴儿和父母的矛盾情感时，他们会出现延迟反应。

学龄前儿童的分离反应 学龄前儿童有许多能力支持他们有效地应对分离（Provence et al., 1977）。他们中的许多人都有过成功的分离经历，比如去日托中心、父母外出时和保姆待在一起等。他们的语言能力有相当大的发展，因此可以鼓励他们谈论一些关于分离的问题，比如："你将会在哪里？""你什么时候回来？""谁来照顾我？""我不喜欢你去上班。"我们可能会觉得听到这些问题或评论是痛苦的，但语言是一种可以帮助孩子应对分离焦虑的技能。学龄前儿童也具有象征性地思考和玩耍的能力（Erikson, 1950；Freud, 1965；Piaget, 1952）。这使他们能够在脑海中保持对父母的印象，同时，通过富有想象性的游戏变成他们所想念的那个人。通过这些方式，孩子们能够保持与家庭的联系。学龄前儿童已经能很好地掌握物体的恒常性，也就是说，他们知道如果有东西被隐藏起来，不在他们的视线中，但是它仍然存

在（Piaget，1952）。这种概念性能力适用于所有事物（Piaget，1952）和人（Freud，1965；Mahler，1975）的恒常性。因此，学龄前儿童能够离开他们的父母，并能思考他们在哪里和他们在做什么。具备这种思维能力可以帮助幼儿应对分离焦虑情绪。

学步儿的分离反应 学步儿刚刚开始学会使用语言，进行象征性的思考，并建立起他们对物体的恒常性和持久性的感觉。与学龄前儿童相比，他们需要更多的帮助，以便在与父母分开时与父母保持内在的联系。学步儿能从家里的引起回忆的具体事物中获益（比如，自己的住所和家人的照片、一条特殊的毯子或一只泰迪熊，等等）。当成人跟他们谈论有关分离焦虑的问题（比如："我知道你不喜欢我去上班。""你希望我能和你在一起。""我今天晚上会去接你。""我知道你今天会和老师们、朋友们玩得很开心。""我工作的时候会想念你。""我去上班的时候也会想念你。"）时，对孩子们也是一种帮助。这些语言承认，学步儿可能会对分离产生强烈的感觉。父母为学步儿树立了一个用语言表达自己感受的榜样。学步儿喜欢玩隐藏和寻找东西的游戏，也喜欢把容器装满再倒出来。当他们无法控制父母的去留时，这些游戏可以帮助他们控制事物的出现和消失。这些游戏还能帮助学步儿发展对物体恒常性和持久性的认识。因此，虽然这些游戏在

成人看来单调乏味，但它们却是孩子们掌控分离焦虑和发展认知技能的方式。

婴儿的分离反应 非常小的婴儿还没有完全地将自己与看护人区分开来，也无法体验分离焦虑。然而，当他们开始进入日托中心，或者当他们的主要照顾者离开一整天或部分时间时，他们确实会体验到受照顾环境的变化。婴儿没有学步儿和学龄前儿童所拥有的语言、认知技能和游戏技能，但他们确实有一种与生俱来的依恋和与他人交往的兴趣。因此，很明显的是，虽然婴儿可能不会经历分离焦虑，但他们确实需要持续的、可预测的和充满爱的照顾，以促进其依恋的发展，以及对自己和重要照顾者的基本信任感的发展。他们需要在一个能够满足其需要、受挫程度不会超过其发展阶段所能应付程度的环境中被照顾。

其他发展阶段对依恋过程的影响 在幼儿发展的各个阶段中，所有领域都是处于不断发展中的。这一观点有助于我们理解：各个领域的发展是一个复杂的过程，而且在这个过程中，不同领域的发展是复杂、相互关联并持续相互影响的。这些阶段从未分化的状态发展到更为复杂的状态。要真正理解发展，就必须了解所有的阶段以及它们之间是如何相互关联的。一些理论家描述了不同领域的发展阶段。皮亚杰（Piaget, 1952）描述了认知发展的各个阶段，从婴儿期的感知运动思维开始,到学龄前的前运算思维,到学龄阶段的具体运算思维,再到青春期的抽象思维的发展。埃里克森(Erikson,1950)描述了从婴儿期到成年期心理社会发展的8个阶段。最初5年的重要发展阶段是培养基本信任、自主性和主动性。玛格丽特·马勒(Margaret Mahler,1975)描述了儿童生命前3年从自闭期、共生期、实践期到和解期的分离/个性化过程,儿童在此期间产生了独立感与积极的自我意识。

根据马勒的依恋和分离发展领域的观点,7—9个月大的婴儿刚刚产生与主要照顾者的共生状态,并意识到自己与该照顾者的分离。皮亚杰描述了认知发展的不同阶段,他认为,在7个月大的时候,婴儿还不能完全理解物体消失后,它们还会继续存在。如果那个物体(如一个看护人)充满了感情色彩,那么,理解婴儿在这个年龄所经历的陌生人焦虑就很容易。如果我们审视埃里克森的心理社会发展理论——该理论描述了儿童在一个社会框架内的发展——就会发现,这个年龄段的婴儿正处于信任感对不信任感的时期。因此,孩子对这种陌生人焦虑的处理和应对取决于环境保护孩子免受内部与外部刺激物伤害的能力。

儿童的分离反应 当我们观看、倾听并和儿童说话时,我们该如何知道他们在思考与分离和依恋有关的问题呢?显然,尚未掌握很多词汇的孩子会通过各种各样的行为与我

们交流。这些行为可能包括哭泣、紧紧抱住父母、表现愤怒，或者当他们预料到或正在经历与主要照顾者的分离时，表现得悲伤和孤独。当孩子们与父母团聚时，也可能会发生类似的行为。对于成人来说，重要的是要意识到，虽然这些行为持续存在，而且应对起来困难重重，但它们绝不是孩子被宠坏或操纵的结果。这些行为是孩子们表达他们分离焦虑的方式。这时，成人需要把这些感受用语言传达给孩子。他们需要这样说："我知道你不喜欢我离开你，但你真的会做得很好。""你可能会因为我的离开而感到难过和生气。"这些谈话给孩子提供了一个框架去理解自己内心的反应和感受，这与孩子独立性的提高密切相关。3.5—5岁的学龄前儿童通常能够清晰地表达他们对分离和独立的感受，但仍然需要成人倾听他们可能产生的想法。甚至当孩子刚开始使用语言时，他们可能会使用一些简单的短语来表明他们在依恋和分离方面的感受。一个2岁的小女孩，把自己和妈妈称为"我""妈咪""妈妈"。这三个词语清楚地表明了这个孩子努力想要完成分离与个性化的任务。她想做的不仅是"我"，还是"我妈咪"。她想要独立，但她还没有准备好完全放弃与母亲特殊而又依赖的关系。现在想想一个3岁的孩子，他想要更多地模仿和认同他的父亲而试图与母亲分离。他称自己为"爸爸的大男孩"和"妈妈的宝贝"。他不会允许自己被称为"爸爸的宝贝"或"妈妈的大男孩"。在这里,我们可以看到孩子的思维是多么僵化。同样很明显的是,这个小男孩想要变得更加独立,并适当地模仿他的父亲以缓和这一过程。与此同时,他意识到自己仍然需要作为"妈妈的宝贝"来实现这一过程。你不需要告诉他"哦,你不是一个小宝宝,你是一个大男孩了"。相反,你需要告诉他"有时候,做一个大男孩是一件很难的事情。你应该知道,即使是大男孩有时也会有小宝宝的情感"。这种告知能够使他说出他当前所面临的独立和依赖之间的挣扎,也可能使他表达出在面对这一发展任务时愤怒、兴奋和悲伤的混合情绪。

威尔,5岁,《城堡》

情感的发展

幼儿表达与分离、独立以及其他发展需求相关的感受的方式受多种因素的影响。

（1）与"发展"相关的文献总结了两种主要的表达情感的能力。一些人（Bridges，1932；Sroufe，1979）根据孩子的认知发展阶段和社会互动水平的不同，认为儿童在出生时就存在着强烈的兴奋感。另一些人（Izard，1991）认为一些互不相关的情绪在出生时就存在，即使它们并没有立刻表现出来。坎波斯（Campos，1988）和同事将新生儿描述为能够表达喜悦、兴趣、厌恶和悲伤的人。斯腾伯格、坎波斯和埃姆德（Stenberg，Campos，& Emde，1983），以及伊泽德和马拉泰斯塔（Izard & Malatesta，1987）研究表明：当婴儿8个月大的时候，惊讶、愤怒、恐惧和悲伤等情绪会被添加到其情感库中；18个月大的孩子会经历尴尬、同情、骄傲、羞愧和内疚等情绪。

（2）孩子在出生时，其动机模式和状态调控方面均表现出不同的气质差异。伯恩斯坦（Bornstein，1999）主张，气质是儿童对人和事的行为和情绪的反应方式。切思和托马斯（Chess & Thomas，1977）描述了三种气质类型，它们分别是容易型、困难型和迟缓型。最近，更多的研究（Rothbart & Bates，1998）将气质类型描述为积极的情感与方式、消极的情感以及努力控制。另一些人（Goldsmith & Gottesman，1981）发现环境与气质相互影响，因此，经验可以导致类型的变化。然而总的来说，随着时间的推移，气质类型似乎是稳定的，且不同的气质类型确实会影响儿童表达情感的方式（Chess & Thomas，1977）。

（3）18个月大的时候，儿童能够表达几种互不相关的情绪。实际上，儿童在20—24个月大的时候开始给情感贴标签，28个月大的时候开始给自己和他人的情感贴标签（Bretherton & Beeghly，1982）。儿童确实会用不同的方式表达他们的感受。有些很容易识别，有些则比较困难。有些孩子能很好地调节自己的情感表达，而另一些孩子则以激烈的或缓和的方式表达情感。所有这些表达情感的方式都在正常范围内（Provence，Naylor，& Patterson，1977）。总的来说，儿童表达和控制情感的能力取决于其与重要看护人关系的稳定性。关系越稳定、越持久、越安全，孩子就越能忍受和表达各种情感。儿童的确需要感受到他们的情感被理解，同时，如果他们被一种特殊的感觉弄得不知所措，成人愿意帮助他们弄清楚其自身的感受。儿童经常通过观察看护者的面部表情来确认自己应该做出怎样的情绪反应（Walden，1991）。法

因曼和路易斯（Feinman & Lewis, 1983）甚至发现，婴儿在对陌生人做出反应之前会观察母亲对陌生人的情绪反应。

□ 与孩子讨论其情感

儿童需要成人为他们的情感贴上标签。虽然3—5岁的儿童能够将情感标签与各种情绪图片相匹配，但他们在实际命名情感时确实有困难（Michalson & Lewis, 1985）。因此，他们所能感受的情感往往比他们能够说出来的更多。成人在给孩子的情感贴标签时要小心，他们需要知道孩子表达情感的特殊方式——有时候，看起来是愤怒，实际上可能是焦虑；看起来很悲伤，实际上可能是愤怒。同时，孩子们也需要参与这个过程，以弄清楚他们在特定的时间里有何感受，以及这种感受是对内部还是外部事件的反应。对孩子说"你为什么要那样做？"或者"你现在有什么样的感觉？"这种话是绝对没有用的。孩子们并不总是知道自己的感受。当经历一种混合情绪时，他们会感觉特别困惑。哈特和怀特塞尔（Harter & Whitesell, 1989）发现，幼儿一次只能应对一种感觉，而且会"对混合情绪感到困惑"。他们感受到的典型混合情绪一般是愤怒与悲伤、爱与恨、兴奋与焦虑、自信与脆弱。有时，他们会以非常强烈的方式体验这些情感，而且通常不知如何处理这些强烈的感受。我们经常看到当幼儿被强烈的对立情绪压倒时,他们会变得更加活跃或难以做出反应。

在幼儿还没有足够的语言来传达他们的行为倾向之前,我们很难帮他们调节其强烈的感受。即使孩子只会把两个单词拼在一起,成人使用语言来帮他们理解自己的感受也是很重要的。在孩子发脾气之后,说一些诸如"你今天有一些很强烈的愤怒情绪"之类的话,可能有助于他开始将自己的情绪与行为联系起来。这也许无法阻止孩子发脾气或愤怒情绪的爆发,但是它会给孩子提供一个开始理解、表达和应对各种情绪的指南。

帮助孩子表达情感的过程并不是从他们开口说话开始的。它早在婴儿期就开始了,这时,主要看护者需要努力理解婴儿的各种哭声意味着什么。这些哭声可能会被识别为疲倦、饥饿、潮湿、焦虑或无聊。父母可能会对一个非常愤怒地等待着奶瓶并在吮吸到奶嘴时慢慢平静下来的婴儿说:"你感到非常生气,因为你需要等待这么久才得到奶瓶。你太饿了,并且担心妈妈可能不会来抱你。"虽然婴儿可能听不懂所有的单词,但他可能会理解母亲试图安慰他并帮他从经历中明白一些意义。就像父母安慰一个伤心的孩子一样,他们也可以谈论孩子的欢乐、幸福或兴奋。说一些诸如"哦,你笑得多开心啊""你喜欢爸爸跟你讲话"之类的话,也能给孩子传递一些情感信息。婴儿会倾听并回应父母的话语。他们从父

母的声音中感受到了情感,并变得舒适或者兴奋。父母和婴儿经常一起创造一种情感舞蹈(Brazelton,1983),在其中他们轮流打开和关闭情感交流的通道。正是这种相互作用为年长的孩子能够信任和理解一种特定的情感,并能够将其以自己和他人能够理解的方式表达出来奠定基础。

如前所述,儿童以自己的方式对不同的情境、人物或情感做出反应。在体验和表达情感时,儿童也受其特定发展阶段的制约。儿童的认知发展阶段会影响其对自己和他人情感的理解和反应。我们想一想幼儿园里的孩子讨论时的场景。约翰来参加会议时,对班上的一些孩子感到很生气,因为他们不同意在搭积木时只采用他的想法。约翰在会上宣布:"我有一个名单,在这个名单上,我要写下所有对我刻薄的人的名字。我打算把这份清单放在圣诞树下。当圣诞老人看到它时,他不会给清单上的这些小朋友带任何圣诞礼物。"最反对约翰掌控积木游戏的乔迪看起来非常的恐慌失措,他转向老师说:"我希望约翰不知道怎么拼写我的名字。"乔迪像其他5岁的孩子一样,以为约翰说出来的事情就一定会发生,因此真的担心圣诞老人不会给他送礼物。乔迪显然处于认知发展的前运算阶段(Piaget)。他的思维以自我为中心,建立在感知的基础上,而且比现实更奇幻。

认 知 发 展

❑ 婴儿期

儿童认知发展领域的先驱皮亚杰提出了一种理论,他认为儿童是通过不断探索和操纵自己的世界而积极地建构知识。他的理论描述了儿童在不同年龄和不同阶段在心理上表征他们的世界和操纵符号系统的方式。他的理论是基于对自己孩子的详细观察而得来的。他把认知发展的过程描述为从婴儿期简单的反射活动到青春期复杂的抽象逻辑思维的过程。

皮亚杰对婴儿时期认知发展的描述集中在先天的反射方式(如吮吸、抓握、视觉跟随和朝向声音)上,而且这些反射方式在出生后的第一年里变得更有定向性和精确性。最初,婴儿的认知反应是纯粹的感知运动,几乎没有协调性或目的性。观察一个2—3个月大的婴儿,她仰面躺着,看着父母吊在空中的拨浪鼓。宝宝通常会看着拨浪鼓,然后眼睛跟随拨浪鼓从一边转到另一边。她可能会伸出双手试图抓住拨浪鼓,但也可能会猛击它。她可能会伸蹬腿并摇晃胳膊试图得到它,但是她没有办法抓住它,除非成人直接把它放到她手里。现在我们看看一个4—5个月大的孩子。她可能会抓住

拨浪鼓,把它放到嘴里探索,甚至可能把它从一只手换到另一只手。这种快速发展是由于一种操纵和掌握世界的内驱力(White,1960)和一个反应灵敏、持续一致、值得信赖和充满刺激的世界的可获得性。根据皮亚杰的观点,正是这种儿童与环境之间的相互作用,使得儿童能够建构自己世界的知识。年龄较大的婴儿对世界的反应不再是纯粹的反射,很明显,他们的行为是以目标为导向的并涉及对过去事件的意识。

☐ 学步期

18—24个月大时,儿童开始表现出采用多种方式进行心理表征的能力。他们开始进行简单的象征性游戏,通常是家庭模仿,比如假装喂玩偶宝宝并把它放到床上。他们证明了自己可以用简单的尝试错误来解决简单的问题。观察一个2岁的孩子完成一个三件套的拼图。在她完成拼图后,一个成人也许会为了不让拼图看起来有洞而转动拼图。最有可能的是,孩子会看到这一点,并将根据拼图的轮廓改变拼图的位置。这个年龄段的孩子还会经历皮亚杰所说的延迟模仿。经常引用的例子是,孩子们可能在目睹了另一个在幼儿园发脾气的孩子后,模仿那些发脾气的孩子。这种行为表明,这个年龄段的孩子有能力储存心理表象。

□ 学龄前期

儿童在2岁左右从认知发展的感知运动阶段进入前运算阶段（Piaget，1952）。这个认知发展阶段持续到六七岁左右，本书重点探讨的也是该阶段。这个年龄段的孩子可以进行象征性思考，但它是非常不灵活的。他们可以在精心创作的象征性游戏中演绎复杂的故事情节，但他们通常不会灵活地分配角色——"不，大卫，你不能穿裙子，因为男孩不能穿裙子"或者"不，你不能扮演游戏中的小婴儿，因为你家里没有小婴儿"。孩子也具有强烈的自我中心思维。他们知道事情的发生是有原因的，但这些原因往往具有强烈的自我中心色彩。比如，一个孩子可能会说："现在是你离开秋千的时候了。"这表明这个孩子有轮流的概念，轮流玩秋千就是用在秋千上的时间来衡量的。然而，当秋千上的孩子问及原因时，这个孩子会回答——"因为我想让你下来"，这表明，虽然孩子理解轮流，但他所认为的轮到自己的原因是非常以自我为中心的。处于认知发展前运算阶段的儿童对因果关系具有前因果观念。例如，他们会说类似"下雨是因为草需要水"这种话。他们也会把生命特性赋予无生命的物体。想想4岁的罗伯特，当被要求描述他所画的房子时，他说："我的房子看起来就像其他房子一样。它的颜色是灰色。它非常强壮，所以

它永远不会倒下，它强大到可以保持一动不动。"这个年龄段的孩子常常将符号和它们所代表的物体相混淆。年幼的孩子可能会害怕那些栩栩如生又凶猛的动物玩具，并且通常会避免和它们玩。他们接近这些动物玩具时可能会小心翼翼，看起来他们像是怕动物玩具会咬他们。因此，处于认知发展前运算阶段的儿童往往会对无害的东西感到害怕。对于成人来说，理解幼儿思维中的局限性是很重要的，尤其是当他们想要和孩子们谈论关于恐惧的问题时。成人要想和孩子们交谈并得到他们的回应，就必须能够从孩子的角度来理解问题。

最后，幼儿一次只能关注一个方面。他们不能同时储存数量、质量和其他变量。他们的思维也是不可逆的。因此，他们往往不能理解和接受简单的概念，例如，一个孩子可以生另一个孩子的气，但他们仍然是好朋友。我们经常听到小孩子与另一个小孩子吵架后对他说："我不再是你的朋友了，你不能来参加我的生日聚会了。"显然，成人不能改变孩子的思维方式，但是他们可以在孩子的思维中引入足够多的失衡来鼓励其更具灵活性。这时，成人说"那不太好，你们还是朋友，她将会来参加你的生日聚会"是没有用的。相反，当孩子对她的朋友生气时，帮助她看到不止一种反应方式会更有用。一个成人可能会说："哦，你现在生她的气是因为她不愿与你分享她的贝尼婴儿玩具。但今天早上你和她在一起玩得很开心。你现在很生气,不想和她一起玩,但是我相信过一会儿你就会感觉好一些。告诉她因为她不愿意和你分享玩具让你感到生气,要比你说她不可以来参加你的生日聚会好得多。"这只是一些建议而已。当然,成人不可能在任何一个时间对孩子说所有的这些话。

因此,为了能够以一种有意义的方式与幼儿交流并鼓励他们的语言表达,理解前运算思维的特性是很重要的。不以一种居高临下的方式与孩子交谈,而以这样的方式与孩子交流:"我在倾听,我对你告诉我的东西很感兴趣。"这是非常重要的。孩子很容易辨认出那些愿意与他们交流的成人和对他们居高临下讲话的成人,而且知道哪些人会倾听他们讲话。

语 言 发 展

思维的发展与语言的发展有密切的联系。语言也是在社会环境中不断发展的,并依赖社会性发展(Bates,1976)。不同的理论家把语言发展的重要性归因于不同的因素。先天论者(Chomsky,1976)的观点强调,儿童是预先设定好的,天生就具有获得语言的能力。行为主义者关注语言环境的重要

性。婴儿和幼儿在尝试交流时需要适当的语言模式和不断的反馈。其他理论家（Piaget，1952；Vygotsky，1962）认为，语言的发展是儿童与环境之间复杂的相互作用，且受社会性发展和认知发展的双重影响。皮亚杰和维果茨基都认为，在发展语言的过程中，儿童会积极地构建一种符号系统以帮助他们理解世界。但是，他们对语言与思维相互作用的方式的看法不尽相同。皮亚杰认为认知的发展导致语言的发展，而维果茨基认为语言的发展就是思维的发展。儿童的外部言语是思维发展的第一步。维果茨基强调，与他人交流是儿童语言发展的一个重要因素，它会刺激思维的发展。维果茨基认为，成人对儿童语言的发展有重要的影响。他的理论描述了最近发展区的重要性，最近发展区存在于儿童与成人的互动中。这个区域是指"儿童能够独立解决问题的实际发展水平与在成人指导下能够解决问题的潜在发展水平之间的距离"。这种成人指导被称为"支架"。为了使支架有效，它必须与儿童的发展水平相匹配，以便儿童能够足够舒适地使用该指导，这也会为在特定领域达到下一个水平带来足够的挑战。例如，一个成人的目标是提供适当数量的支架，并运用不同的策略与幼儿进行对话。如果孩子提出一个与某个主题相关的问题，成人可能会先问孩子："嗯，关于这个问题，你是怎么想的呢？"一旦成人知道孩子在想什么，他就可以决定哪些想法需要被证实、哪些想法需要被扩展,并决定孩子在一次谈话中能够吸收多少信息。通常不提供支架的成人不会问孩子关于这个问题的想法,而会直接回答问题。这样的做法会导致他们没有弄清楚孩子真正要问的是什么,也不知道孩子关于这个特定的话题已经知道了什么。虽然在这种情况下,孩子可能会对答案感到满意,但他并没有机会为了建构知识而积极地讨论和巧妙地处理自己的观点。有时,成人可以问孩子一些开放性问题。孩子的回应往往充满了信息,而处于提供支架角色的成人可以扩展这些信息。思考一下这些三四岁的孩子对教师提出的问题——"你对树叶了解多少?"——的各种各样的回答:

"树叶从树上掉下来,总是翻滚。"

"它们做它们的工作。它们成长。"

"它们掉在地上。"

"风来了,把它们吹得飞快,它们在草地上打滚。我可以抓住其中一片树叶。"

"有时候叶子会变成美丽的颜色,就像彩虹一样。它们掉在地上,我就能抓住它们,当它们待在树上工作时,它们就会不停地生长、生长、生长。"

显然，这些孩子已经对树叶有了大量的认识。然后，教师可以把这些对孩子们有意义的信息，组织成关于季节、植物的生命周期、天气和欣赏自然之美的讨论。教师可以说："你刚才说的是树叶变得像彩虹一样美丽。让我们找一本关于树叶的书，看看它们是如何做到这一点的。"

莎曼莎，4岁，《公主》

游戏与发展

了解幼儿游戏的发展和使用是我们理解儿童的社会性、情感、认知和语言世界的一种方法。游戏可以让儿童展露他们的内心世界，这包括他们对重要关系、情感、焦虑、愿望和冲突的知觉。我们很容易观察到孩子在教室里、操场上和自己房间里的游戏。所有孩子都有各种理由去游戏,而且游戏的质量也因人而异。下面这组4岁儿童游戏的例子表明了游戏的复杂性。这些孩子并不是突然就变成了高水平的游戏者。从一开始,他们就被给予了支持来发展其人际交往能力、快乐感、独立感、材料使用能力,并把游戏作为一种表达自己的方式。

日托中心宽敞的户外游戏场绿草如茵,树荫掩映。现在已经是晚秋了,天空还是蓝色的,阳光灿烂,空气中透着一丝凉意。上午11点,门突然开了。一群4岁的孩子冲向游戏场,分散到各自最喜欢玩耍的地方,开始玩秋千、攀岩、自行车、树木等。突然,4岁半的莉比——可能是这个小组里的领导者和最受欢迎的孩子,摔倒在地上,一动不动地躺在那里,双臂向旁边伸开,眼睛紧闭。同样4岁半的斯科特、亚瑟和大卫看到了她,并大声喊道:"快,莉比死了!"莉比强忍住脸上的笑容,继续一动不动地躺着。斯科特抓起一顶警察帽,亚瑟拿来一顶消防帽。他们跳上最近的三轮车,开始绕着树林和灌木丛进行一段营救莉比的旅程。大卫抓住马车,把它当作救护车,跟着亚瑟和斯科特跑。一路上,他们通过想象的对讲机与救援站的人取得了联系。3岁零10个月大的埃里

克离开了他最喜欢的秋千，绕着莉比转了一圈，高声喊道："老师，老师！"然后，他又自言自语地说："莉比不是真的死了。她只是在玩假装游戏。"但他似乎无法说服自己，开始大声喊老师帮忙并抑制住自己的眼泪，斯科特、亚瑟和大卫这时看到这幅场景，帮助莉比先上了车。斯科特打电话给救援站说："我们把她带进来。"大卫开始发出警报声，并把车拉向其他一些孩子正在建造的救援站。一到救援站，大卫就宣布——"我是医生"，并开始检查莉比，她仍然静静地躺着，一动也不动。大卫完成了他的检查并悲伤地宣布——"她死了"，斯科特和亚瑟准备离开。莉比这时笑着跳了起来，开始跑起来。当她注意到亚瑟、斯科特和大卫在追她时，她摔倒了，故事又再次开始了。

从这个例子中可以清楚地看出，游戏是这些孩子最重要的工作，对所有参与其中的孩子都有不同的意义和结果。显然，他们都对与自己年龄相适宜的有关控制、身体完整性和死亡的游戏感兴趣。比起其他人，埃里克内心的挣扎更明显，由于他年龄小一些，区分现实与幻想的能力发展得没有那么好，因此，他有时认为莉比是真的受伤了。这样的游戏过程让人意识到游戏有许多的定义和功能，可以呈现出不同的形式，并随着幼儿年龄的增长而变化且变得丰富。这个例子很好地说明了，儿童经常在游戏中不断地重复以掌握一个困难的经历或概念。

人们一致认为，游戏对智力、个性和社交能力的发展起到很重要的作用。研究发现，游戏可以促进观点交流、发散性思维、表征能力、智力、社交技能和想象力的发展（Singe，1972）。罗杰斯和索耶斯（Rogers & Sawyers，1990）概述了游戏对认知技能发展的作用：游戏可以让孩子以一种不具威胁性的方式练习新技能，并巩固他们以前学到的东西。孩子喜欢在游戏中重复某些技能以掌握它们。游戏使孩子们能够操纵物体并体验许多事物。游戏"将思想、身体和精神结合在一起"。通过游戏，孩子学会象征性地表征他们的世界。由于游戏通常是由孩子驱动的，所以它可以培养孩子的游戏态度、解决问题的灵活性、好奇心、坚持性，以及学习新技能或新概念时的轻松感。欧文-特里普（Ervin-Tripp，1991）发现，游戏可以改善语言能力，并能给孩子提供对话、解决冲突和分享想法的机会。经常游戏的孩子在创造力和想象力测试中获得了高分（Dansky，1980）。游戏的所有价值都强调了支持孩子使用游戏来促进其认知发展的重要性。

❑ 游戏和认知

皮亚杰（1962）研究了儿童的游戏，并描述了游戏对儿

童认知发展的许多益处。他把游戏描述成儿童将现实不断同化的过程。观察一个18个月大的孩子进行游戏就是最好地描述这一过程的例子。

18个月大的乔纳森在玩他的玩具农场。他设立了一个畜栏，小心翼翼地把农场里的每一只动物都放进去。然后，通过放置不同动物组的食物槽，给每种动物一些吃的东西。他为动物们发出有力地吃东西的声音，然后他试着走进3英寸×6英寸（7.62厘米×15.24厘米）的围栏，这样他也能吃东西了。

乔纳森显然是在把现实和他的自我进行同化，因为他没有意识到自己比那些小动物大很多。皮亚杰还认为，儿童用游戏来检验他们对物体、事件、人物和地点的想法。我们可以从中看出，这与之前描述的救援和医院游戏中的儿童所发生的情况相一致。儿童的游戏还能促进符号表征的发展，这是必要的语言和抽象思维的发展。在一般情况下，游戏允许孩子整体性、区分性和扩展性地理解他们的世界。游戏对认知发展有非常大的促进作用。想想30个月大的乔纳森，他玩了几个小时玩具农场，这些材料鼓励他进行象征性游戏。此后，他将不再试图踏入小围栏，他的认知视野将会扩大。他会对自己的体型和玩具之间的关系有更复杂的想法，并且他会发展关于动物的种类和吃饭位置的想法。

游戏与社会性和个性发展

儿童的游戏也支持个性和社会性—情感的发展。教师们认为,与游戏时间较少的同龄人相比,花更多时间游戏的学龄前儿童更善于社交(Burns & Brainerd, 1979; Connolly & Doyle, 1984)。临床证据表明,游戏有助于孩子吸收困难的经历(Harter, 1983),游戏可以成为孩子表达愿望和冲突的工具。游戏对认知发展的促进作用在于它能组织孩子的思维。游戏对儿童情感发展的好处也是相似的,它通过帮助孩子解决冲突来建构其个性,从而促进其发展(Biber, 1963)。埃里克森(1964)恰如其分地将游戏描述为"让孩子在玩具世界中找到避难所""让孩子在现实与幻想之间产生自我控制的幻觉"。换句话说,游戏可以让孩子找到复杂和矛盾情绪的发泄渠道。芭芭拉·比伯(Barbara Biber, 1963)在一篇名为"游戏作为一种成长过程"的论文中指出,能够通过游戏来寻求某种放松体验的儿童,在其成长过程中会发展出更丰富的个性,这有助于他们忍受冲突和强烈的情感。那些无法游戏或以重复和防御的方式进行游戏的人,在他们的游戏中和他们接近自身世界和他人世界的过程中往往会变得压抑。下面的例子说明了幼儿如何利用他们的游戏来表达和忍受强烈的情感和

冲突。第一个例子是正常发育的孩子布赖恩,第二个例子是一个因为害怕龙卷风而寻求治疗的孩子凯文。

3岁的布赖恩喜欢装扮成金刚战士、蝙蝠侠、超人等。所有的游戏服装都非常精致,需要大量的时间和技巧来搭配。他经常会选择在他成年的叔叔们来拜访时玩这些游戏。他会在房间里跑来跑去,战胜许多敌人,看起来穿着斗篷比穿着奥什科什工作服更有力量。在完成众多任务中的一个后,他表露了内心的渴望。他大摇大摆地走到妈妈和阿姨坐的那张桌子前,一脸严肃并满怀希望地说:"妈妈,当4岁时,我就是一个男人了,我要得到一辆车。"这个超级英雄的游戏让布赖恩实现了成为一个和叔叔们一样高大强壮的成人的愿望。

4.5岁的凯文,因为害怕龙卷风而被送去接受治疗。这种恐惧症对他来说似乎代表了很多东西,它们包括对失控感觉的恐惧、对被母亲和母亲的失望吞没的期望和恐惧。当他开始接受治疗时,他的游戏非常呆板且对他毫无用处。换句话说,他无法用他的游戏来减轻焦虑。游戏的顺序总是一样的。当一场龙卷风突然爆发并开始袭击每一个人和每一件事的时候,这家人会躲在房子里。起初,治疗师和他一起探讨了龙卷风的含义,但只能进行到这里,不然他就会变得非常焦虑。然后，治疗师开始提供给他一些更具适应性的结局。她介绍了一个风暴地窖的想法，然后她和凯文开始写龙卷风的故事。这些建议促使他了解天气。然后，他能够运用自己的能力来控制情绪，这使他的游戏变得不那么压抑和僵硬。最终他成为比伯（1963）所描述的一个成功的游戏者，也就是说，一个人可以将他的深层情感与认知功能相结合以帮助其精心制作一个游戏，这个游戏能够切中要害地变成一个他可以自由地表达自我，并获得能够洞悉其内心世界的信息的一条通道。随着时间的推移，凯文变得不那么压抑了。他不再像龙卷风飞翔一样地踮着脚尖走路，也不再需要一遍又一遍地玩龙卷风的游戏。他的游戏转向了其他的兴趣和冲突。

☐ 游戏的功能

上一部分的描述表明，游戏是孩子表达对不同的事件、人物以及他们自己进行体验的方式，是理解孩子内心体验的关键。在幼儿的社会性和情感世界中，游戏至少有7种独特且相互独立的功能。

- 游戏允许孩子重复愉快的经历。
- 游戏可以帮助孩子表达情感和掌握对困难情况的处理。
- 游戏可以通过尝试别人的角色来帮助孩子了解世界。

- 游戏可以帮助幼儿练习新兴的社交技能,比如交朋友、加入团体、解决冲突和分享想法。
- 游戏常常会成为幼儿的宣泄渠道和紧张情绪的释放器。
- 游戏可以帮助孩子通过主动地控制自身的假装世界,而非被动地接受现实世界来同化非常重要的经验。
- 游戏可以成为孩子表达其精神和身体冲突的一种方式。

许多孩子通过游戏来获得对被动经历的事情的主动控制。孩子总是将诸如去看医生、成为父母并去工作、照顾孩子等情形表演出来。当孩子被一种情况压制住时,他们的游戏往往变得重复,并显露出他们对该情形的经验和知觉,这与成人感知的现实可能完全不同。在这种情况下,游戏可以表露孩子们想要交流的强有力的信息。看看下面的临床案例,在这个案例中,一个孩子很明显是在试图获得对一些非常困难的情况的主动控制。

4岁的安娜在她生命的前2年有严重的医疗并发症。5个月大的时候,她做了癌症手术,腹部留下了一个很大的疤痕。她接受了几个月的化疗。14个月大的时候,她患上了脊髓膜炎,然后癫痫发作,不得不接受药物治疗。她对自己的病史感到非常焦虑和困惑,因为没有人知道她的病史,她也从来没有问过她腹部的伤疤。她是一个焦虑的孩子,她用对立的行为来控制自己的焦虑。她语速非常快,而且语气很坚决。她喜欢随身携带一个成人尺寸的钱包,里面装着她的化妆品,当感到特别焦虑或脆弱的时候她偶尔会化妆。下面的游戏进程详细说明了她是如何消化这段艰难的经历的。它还让我们了解到她和母亲的关系,以及她对自己疾病的焦虑和困惑。

安娜有条不紊地拿起钱包和玩偶宝宝。她又快又坚定地对玩偶说:"宝贝,这是你的药,你会好起来的。"然后她忙着在炉子旁做饭。她把水从一个罐子倒入另一个罐子,用力地搅拌并弄得嗡嗡作响。她转过身来,用甜美但充满敌意的声音对玩偶说:"亲爱的,我在给你做晚饭。"然后,她让小宝宝坐在桌旁,给他一小口食物,继而生气地说:"不行,你不能吃更多东西了。你必须分享。"后来,宝宝被带到医生那里做了身体检查和血液检查。医生对婴儿极其粗暴,不停地按压他的胃,并用注射器从胃里取血。

这显然是一个戏剧性的例子,孩子用游戏来同化困难的经历,表达她的担忧和困惑。这个游戏进程足以表明安娜是多么需要在治疗环境中探索她的过去,并理解她的愤怒和焦虑。

儿童也用他们的游戏来表达冲突。下面的例子就详细说

明了一个孩子如何用游戏来表达冲突。

罗比4岁时开始接受治疗。他喜欢在游戏中制作泥人。主要角色被命名为"吸烟者"。"吸烟者"有一个女朋友,她的名字叫"没关系"。在一个特定的游戏场景中,"吸烟者"宣称他既想要"没关系",又想要一架豪华的喷气飞机,但两者不可兼得。治疗师建议他用两种方式讲述这个故事。在"吸烟者"得到了"没关系"的故事中,两个泥人粘在一起,变成一块黏土,然后被挂在一块石头上无法离开。然而,罗比无法讲述"吸烟者"得到一架豪华喷气机的故事。

这是一个持续数周的非常复杂的故事。它包含了不同的场景,比如"吸烟者"想要成为世界的主宰、想要一个女朋友但从来没有找到,以及和更强大的敌人斗争。这也许说明了他在成长过程中遇到的一些矛盾——他如何处理三角关系以及他想要成为无所不能的人。

游戏的类型

游戏有很多不同的方面,儿童可以在家里或学校里进行的游戏也有很多不同的种类。帕顿(Parten,1932)对儿童游戏进行了广泛的观察,并将其分为4类。

- 在无所事事的游戏中,孩子通常自己不玩,而是观察其他孩子玩。
- 在独自游戏中,孩子独自玩耍,观看但不参与其他孩子的游戏。独自游戏在2—3岁的儿童中很普遍。
- 联合游戏涉及一些社会互动,但很少或几乎没有组织。
- 合作游戏是指在一个有群体认同感和游戏感的群体中进行互动,有良好的组织性。合作游戏是较大的学龄前儿童的典型游戏。前述救援站外进行的游戏是一个很好的合作游戏案例。

迄今为止给出的许多例子所描述的游戏类型中,通常信息量最大的一种游戏是象征性或表演性游戏,但是儿童并不仅仅参与这类游戏。他们也喜欢探究性游戏、技能类游戏、建构游戏和模仿游戏。喜欢观察和尝试所有玩具的孩子是我们描述探究性游戏最好的代表。参与技能类游戏的儿童喜欢投掷和接球、玩游戏或掌握一种攀登器械。当孩子把一些可操纵的玩具(如修补匠玩具、乐高玩具或积木)组合在一起时,就产生了建构游戏。模仿游戏发生在孩子模仿另一个人的行为时,如进行家庭模仿中的假装做饭、照顾婴儿、模仿电视或视频里看到的超级英雄。参与后一种游戏以及象征性游戏的孩子可以被描述为坚定的游戏者。避免参加象征性游戏的孩

子可能是为了避免象征性游戏给他们带来的痛苦和冲突。

☐ 游戏的发展

这是一个从婴儿期到学龄前期的游戏的发展过程。我们之前描述的在日托中心游戏的孩子,在三四岁时不仅成了优秀的玩家,还拥有机会通过人际关系和接触材料来支持游戏的发展,进而发展自己的技能。该过程从婴儿时期(在这个时期,婴儿既独自玩耍,也和主要看护者一起玩耍)开始,并在学龄前期(在此期间,游戏发生在充满玩具和同伴的世界中)得到发展。当婴儿从新生儿阶段觉醒时,他们很快就开始关注与主要看护者的互动。正是通过这些互动,婴儿获得了早期游戏和假装游戏所需要的几种能力。亲子游戏,如躲猫猫、权力游戏、派对蛋糕及其他游戏等,也能发展孩子的童真、游戏意图和假装的态度。如果在父母和婴儿的互动中无法观察到这些品质,那么人们就需要更密切地探索亲子关系的质量,以确定这种品质没有得到发展的原因。

刚学会走路的孩子是成功的游戏者,他们开始进行象征性游戏和家庭模仿游戏。通过游戏,他们致力于解决冲动和身体控制、分离和失去以及个性化的问题。这些问题导致他们不断地填满和倒空容器、思考内部和外部的事物、玩来往游戏。

学龄前儿童发展出了越来越复杂的游戏技能。他们的象征性游戏典型地表达了对三角关系、身体的完整性和权力的关注。他们喜欢在游戏中扮演成人的角色,并不断地利用他们的游戏来解决冲突。

在非临床环境中游戏的儿童也会参与能够表达他们想法的游戏。成人可以通过观察孩子的游戏来确定这些想法和感受。游戏中的重复主题往往很重要,值得观察和追踪。此外,游戏的中断可能表明游戏的内容导致儿童焦虑的增加。成人可以对儿童的游戏情节进行评论,以获得一些在讨论棘手问题时可能有用的信息。例如,成人可能会说:"我注意到当你玩娃娃家的游戏时,小女孩总是迷路。我想知道她是怎么迷路的?"孩子可能会口头回应,或选择忽略,或精心设计游戏情节来表达一些关于小女孩迷路的倾向。在任何一种情况下,成人都能获得更多关于孩子经历的信息。

柯里(Curry,1985)在她对日托中心的假装游戏的研究中发现,教室里经常缺少假装游戏,因为它没有得到任何认可。她发现,即使以最小的力度支持假装游戏,孩子也会非常投入和忙碌。大多数正常发育的儿童喜欢各种各样的游戏,但如果环境被设置成鼓励象征性游戏,那么他们往往会被这类游戏吸引(Curry,1985)。分析孩子的象征性游戏非常有必要,它有助于我们了解孩子是否使用游戏来吸收困难

的经历、表达感情或表达冲突。这一信息对与儿童讨论困难事件的成人来说非常有用。孩子将经常使用游戏来完成上述的所有功能。临床游戏的例子有助于说明这些功能。

❑ 游戏能够帮助孩子吸收困难经历

4岁的马克,由于在如厕训练、夜晚安睡和以适合自己年龄的方式独立生活等方面有困难而被转介接受评估。他是早产的双胞胎之一。他的双胞胎妹妹在2个月大的时候死于新生儿病房。马克在新生儿病房一直待到3个月大。从来没有人直接告诉过他——他有一个孪生妹妹;然而,他一定是通过听家里大人的谈话,得知了一些这方面的信息。在诊断游戏环节中,他重复了3次关于两个走回家的婴儿的故事。他们都由于不听话被警察开枪射击了。这两个婴儿随后被送往医院,并在那里生活了很长时间。在长时间的住院治疗后,马克对医生说:"这非常重要。我很担心她不能活过来。"

显然,通过这个游戏,马克试图吸收他对早期经验的困惑。此外,他表现出了对表达攻击以及为独立而抗争的结果的关心。

❑ 游戏能够帮助孩子表达情感

临床游戏阶段可以让临床医生判断孩子的情感表达是否

适合他们的年龄以及是否适宜。我们感兴趣的是孩子在游戏主题中如何表达各种各样的感受,以及他们在游戏中能够表现出来的感受。这些感觉和行为也可以在临床环境之外的儿童游戏中观察到。孩子会表达一系列的感受吗?这些感受的强度有多大?孩子是如何调节这些感受的?下面的例子说明了一个孩子正在努力表达和控制他强烈的愤怒情绪。

5岁的威廉在游戏环节中与他的玩偶家庭一起玩。这个家庭中的男孩叫乔。乔有一项特殊的才能,他可以打响指,然后得到他想要的所有东西,甚至是他通常不被允许得到的东西。乔的妹妹凯茜进入了情境中。她开始破坏房子里的一切。然后她的爸爸妈妈告诉她,因为她弄乱了房间里的东西,所以她不能去马戏团了。乔高高兴兴地和家人去看马戏,而凯茜不得不独自待在家里。威廉说:"凯茜会非常生气,她会爆炸的。"显然,这个游戏过程可以让成人探索儿童强烈的情感以及兄弟姐妹间关系的问题。

☐ 游戏能够帮助孩子表达冲突

5岁的萨曼莎对《星球大战》中的人物很感兴趣。她的游戏中的主要人物是莱娅公主。她被描绘成一个非常独立且拥有强大意志的人。她只想嫁给尤达(那位睿智的老人),尽管其他所有的男人都想追求她,希望她嫁给他们。然而,她只

想要尤达，按照推测，尤达应该也想娶她，但是在游戏中，他们从未在一起。

从萨曼莎的过去来看，她似乎是在处理与年龄相适应的恋母情结冲突（Freud，1946），比如，与父母的关系越来越疏远，同时又要与母亲争夺父亲唯一的爱。她用她的游戏来表达和应对这些冲突。

艾塔娜，4岁，《鳄鱼和猴子》（来自《鳄鱼之歌》）

□ 玩具和象征性游戏

因此，孩子们真正参与游戏是为了表达情感、解决冲突、吸收困难的经历。这种游戏可以鼓励所有的幼儿参与，可以作为讨论棘手问题的跳板。当要试图为孩子建立一种游戏环境时,简单开放式的、能引发幼儿丰富幻想的游戏玩具是最好的材料选择。设计一套具有吸引力的玩具就像为一顿特别的佳肴设计一个台子或桌子。它吸引孩子并向其传达成人对其游戏的兴趣以及与之相关的想法和感受。一些基本的玩具包括:有家具和人(最好是家庭)的简单的娃娃家、橡胶动物家庭(包括野生动物和驯养动物)、黏土或橡皮泥、纸和马克笔或蜡笔、配有盘子和瓶子的玩偶宝宝、木块和木偶。避免使用更为商业化的玩具(如从视频或电视节目中看到的玩具)是很重要的。因为这些往往会抑制孩子的游戏,使游戏变成一个仅仅充满表演且几乎不包含其内心世界的地方。

小　　结

因此,当孩子们进入学龄前期时,他们的社会性、情感、认知和语言等领域发展迅速。他们能够很好地讨论和解决各种各样的棘手问题,而且他们对探索这些棘手问题充满兴趣。大多数时候,他们比成人更感兴趣、更乐于探索这些问题。这个年龄段的孩子的思维是具体形象的和以自我为中心的;是在独立与依赖、分离与控制中挣扎的;是对未知充满好奇的;是在成人开始给他们的棘手问题提供答案之前,已

经有了需要被成人理解的想法和见解的。只有清楚地记得这些的成人，才能够与孩子们谈论这些问题。

让我们先从黑暗开始，看看我们能从孩子身上学到什么。

第三章

"我怕黑暗会夜夜把我困住。"
——帮助孩子谈论恐惧

孩子们的恐惧

对2岁的乔纳森来说,入睡是一件困难的事情。一到睡觉的时候,他就开始哭着喊爸爸和妈妈。父母试图安慰他,用毯子给他盖好,然后问他:"你怎么了?"乔纳森回答道:"我怕黑。"于是,父母把他带到客厅并打开灯。他继续哭着,看起来真的很害怕,同时嘴里不断重复:"我怕黑。"当父母问他:"你为什么如此怕黑呢?"乔纳森回答道:"我怕黑暗会夜夜把我困住。我怕黑暗会缠着我。"乔纳森的父母正准备说"你没有必要害怕黑暗"时,他们认真地思考了乔纳森的话的严重性,然后竟一时说不出话来。对任何人来说,"怕被黑暗困住"都是一个可怕的想法,更何况是一个为坚持独立自主的信念而努力思索的2岁孩子呢?事实上,在黑暗中迷失自我,确实是一种令人恐惧和无法抗拒的想法。我们经常不假思索地对乔纳森这样的孩子说:"哦,别傻了。黑暗没有什么可怕的。它不会伤害到你。"如果对他来说，害怕黑暗看起来是很愚蠢的，乔纳森也就不会害怕了。作为成人，我们必须不断地提醒自己，尽管孩子们的恐惧在我们看来可能是荒谬的和不重要的，但恐惧对这些孩子来说却是真实的、可怕的。我们自己的恐惧在配偶或朋友看来可能也很荒谬，但当他们说"你不应该为此担心"时，我们不会感到被理解或平静下来。下面我们从一般意义上思考一下恐惧问题。

　　当我们感到无法控制或理解某件事情时，我们通常会变得害怕或焦虑。事实上，纵观人类历史，有时父母教育他们的后代保持恐惧状态是非常必要的，这将有利于其后代避免危险或危及生命的意外状况的发生。尽管我们很多人对孩子说"不要害怕"，但我们都同意这一观点，那就是害怕某些事情是很重要的。我们不想鼓励孩子完全无所畏惧，以至于在危险的情况下无法保护自己。事实上，我们希望孩子在尝试新事物和冒险时，能保持恐惧和兴奋之间健康的平衡关系。即便如此，对于如何达到这种平衡关系，儿童和成人仍然有着不同的风格和对恐惧不同的容忍水平。有些人需要持续不断的兴奋刺激，并在做着可怕的事情中成长。4岁的贾森曾经告诉一个成年朋友他喜欢看电视节目《龙与地下城》(*Dungeons and Dragons*)。她问贾森："你喜欢《龙与地下城》的什么？"他飞快地回答说："我喜欢它结束时，因为那时候它就不再可怕了。"其他儿童则更加小心地避免那些令他们害怕的事情。这些风格通常是通过个人与其环境之间的复杂互动发展起来的。

成人已经形成了他们自己的一套恐惧及应对策略,但儿童才刚刚开始经历不同来源的恐惧。同时也存在一些与儿童特定的发展阶段有关的恐惧,下文将简要介绍。孩子们可以在帮助下制定具体策略来应对他们的恐惧和焦虑。如果我们对儿童谈论和描述自身恐惧的能力给予支持,儿童则可以让我们知道很多关于他们恐惧的情况。这些内容可以帮助我们确定,儿童的恐惧在多大程度上影响着他们的发展和适应性。儿童提供的有用信息可以使我们更好地帮助他们面对和应对其自身的恐惧。如果我们的目标是完全消除儿童的恐惧或质疑我们自己,那我们就是在自我欺骗。"作为父母,我们是否做了会使孩子害怕黑暗的错事?难道她不知道我们一直在保护她的安全吗?这些恐惧是否预示着她将会有严重的情绪问题?"我们的目标是承认孩子可能会说一些与他们的恐惧相关的事情,这有助于我们去帮助孩子以一种更适宜的方式来应对恐惧。

3岁的马修入睡困难并叫来了妈妈。他指着自己最喜欢的毛绒玩具眼泪汪汪地说:"小狗怕黑。"妈妈问他:"你为什么认为小狗会怕黑呢?"马修回答说:"他害怕有夜视镜。"妈

妈问:"你能告诉他黑暗不会伤害他吗?""他不听我说的,"马修回答道,"他想打开灯,这样他就不需要夜视镜了。"

因此,尽管我们可以推测马修或"小狗"害怕黑暗的原因,但我们并不知道真正的原因。然而,我们确实知道,在这个特别的夜晚,马修感受到自己的想法被倾听了,因此,他找到了一种方法来应对恐惧并进入睡眠。

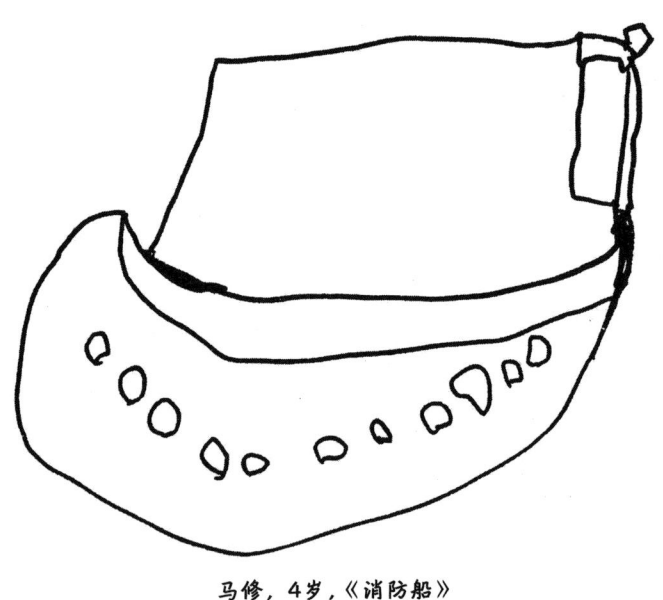

马修,4岁,《消防船》

了 解 恐 惧

孩子们对诸如黑暗、怪物、坏人和巫婆的恐惧从何而来呢？我们知道恐惧可以有多种来源。我们知道孩子们总是在观察并试图模仿成人。他们很容易从成人那里学会害怕一些事情。所有的父母都关心孩子的安全，并且知道保护孩子的安全是父母的责任。父母们有不同的方式使自己相信他们能确保孩子的安全。例如，家长可以向孩子传达他们自身恐惧的消息、他们对孩子能力的看法，以及当他们监督孩子探索一项简单但有挑战性的场地器械活动时的安全性。一位家长可能会不断地说："不能继续爬高了，你可能会摔下来受伤的。"有些家长甚至可能会极端地说："如果你摔倒了，我还得带你去医院。"另一位家长可能会坐在远离器械的地方，并偶尔提醒孩子"小心，别摔下来"或"试试你能不能爬得更快或更高"。还有一位家长可能会站在孩子身边，说一些这样的话："看看你还能爬多高。""双手抓住。""如果你需要帮助就告诉我。""今天看起来已经够高了。""也许明天你可以试着爬得更高。""我不能让你爬那么高，因为那不安全。"后一种父母的孩子很可能在尝试新的或具有挑战性的活动时更加谨慎。第一种父母限制下的孩子可能会过于谨慎和恐惧。有些总是被告知要小心的孩子，实际上会显得粗心和鲁莽，而且他们通常无法形成对安全限度的个人感知，或者难以形成对自己的能力与不足的现实自信感。

儿童可以从他们父母以外的其他渠道了解恐惧。他们可以有真正可怕的经历，比如住院、发生事故、目击可怕的事件或者看可怕的电视节目或电影。有些孩子天生比其他孩子更容易害怕。通常，如果父母知道自己的孩子异常敏感或者有过困难的经历，他们就会很容易接受孩子的恐惧。当孩子的恐惧看起来非常荒谬时，这对父母来说就更具有挑战性。幼儿的思维方式与成人不同，这些差异可能会导致孩子对日常生活中的常见事件感到恐惧。

幼儿和恐惧认知的影响

幼儿与成人在思维上有哪些差异？首先，幼儿看待世界的方式是以自我为中心的。他们认为世界是围绕着他们转的，同时他们很难站在别人的角度上看待问题。他们通常无法理解别人的感受。如果他们的父母难过，他们也会感到难过。因为幼儿是非常自我中心化的，所以他们可能会认为自己做了一些让父母不高兴的事。虽然有时这是事实，但在很多情况下，父母的沮丧情绪与孩子并没有关系。父母可能不会明显地表露出自己的不安或恐惧，但很多时候，孩子能够感受到这种不安或恐惧并对此做出反应。在马修4岁时的一天,他的妈妈正全神贯注地、安静地思索着工作中令人心烦的事。马修焦急地问:"妈妈,你为什么那么不愉快?你在生我的气吗?"这种自我中心也会影响幼儿对日常事件的理解。一群4岁的孩子在日托中心吃零食的时候,突然听到警报声。托尼焦急地转向老师并问道:"是警察要来抓我们吗?"在老师解释并安抚了孩子们的情绪后,警报器又继续响起来,孩子们便开始谈论警车、救护车和消防车。当讨论到火灾时,约翰焦急地说:"我在电视上听说一名消防员中枪了。他不是我叔叔。"这两个以自我为中心进行思考的例子表明,一个孩子容易对日常发生的各种事情产生恐惧,而这些事情对成人来说可能并不可怕。

除了思维的以自我为中心外,幼儿还有大量的奇幻思维。他们常常认为自己的所说所想都会变成现实。奇幻思维的一个很好的案例就发生在幼儿园的一次会议上。在班级中经常出现攻击性行为的彼得度过了一个艰难的早晨。他努力地想要加入积木建构组。但当他终于被团队接纳后,他立马就打翻了一个非常精致的积木建筑作品。其他孩子非常愤怒,并告诉他不能再玩了。他又生气又伤心,跺着脚走出建构区。吃午饭的时候,他明确地说他非常生气,并可能会去炸掉所有孩子的房子。其中一个非常坚决地拒绝和他一起玩的男孩说:"可是你不知道我住在哪里。"试想一下,如果一个孩子认为思想、语言或情感可以让事情变成现实,那么他们的一些想法,如"我希望那个小孩从来没有出生过""我要撞毁学校""我讨厌你去上班",难道不会让他们感到害怕吗?很明显,孩子们的恐惧尽管对成人来说似乎是没有危害的,但仍需要我们认真对待。

除了以自我为中心和奇幻思维的倾向外,幼儿也在学习区分现实与幻想(Freud,1965;Piaget,1952)。他们很容易失去对现实的把握,尤其是当他们看恐怖节目或玩一个可怕的游戏时。孩子可能需要不断提醒自己不要害怕某一个特定的事件。回想一下第二章里3岁零10个月大的埃里克,他看着一些4岁的孩子玩假装游戏,里面有个情节是莉比摔倒并假装摔死了,其他孩子假装救她并把她送去救援站。埃里克在远处看见后,焦急地跑来跑去并叫着"老师,老师",心里不停地提醒自己:"莉比不是真的死了。她只是在玩假装游戏。"埃里克显然是在重复他从成人那里听到的话,但是在现实情境中,他可能仍然需要一些信心。

恐惧与发展阶段有关

☐ 婴儿期的恐惧

幼儿具有以自我为中心和奇幻思维的倾向,容易混淆现实与幻想,但这并不是产生恐惧的唯一来源。有充分的证据表明,在本质上被认为是发展性的恐惧,往往会因幼儿看待外部世界的方式而变得更糟。婴儿主要的恐惧是害怕失去保护和养育环境;婴儿在后期,则害怕陌生的人或事物(Freud,1946,1965)。这些对黑暗、噪声、陌生人和孤独的恐惧,会以象征的方式进行表达(Freud,1946,1965)。

☐ 学步期的恐惧

在蹒跚学步时期,恐惧与发展性抗争有关,学步儿面临着分离、独立性发展和自我意识发展。恐惧包括害怕失去爱与赞同、害怕失去自我以及害怕失去父母。记得我们谈到过2岁的乔纳森,他害怕黑暗,因为担心黑暗会把他困住而迷失自己。学步儿会努力避免产生孤独和无助的情感(Freud,1946,1965)。这些面对惩罚、拒绝和遗弃,以及地震、雷暴和死亡的特定恐惧,会以象征的方式进行表达(Freud,1946,1965)。

☐ 学龄前期的恐惧

学龄前儿童能够敏感地意识到两性间的身体差异,他们会对身体的完整性产生恐惧。这些面对手术、医生、牙医、疾病、贫穷、强盗、女巫、鬼魂等的特定恐惧,会以象征的方式进行表达(Freud,1946,1965)。

在协商自己与父母之间的三角关系的同时,幼儿也开始害怕失去父母的爱。因此我们可以知道,幼儿各个方面的发展(特别是认知和社会性—情感方面的发展)影响其特定恐惧的发展。我们也希望能评估这些恐惧对孩子们意味着什么,尤其是那些对我们来说看似简单和不切实际的恐惧。有了这些信息,我们就可以开始思考孩子们的恐惧,并制定一些合理的应对策略来帮助他们处理这些恐惧。

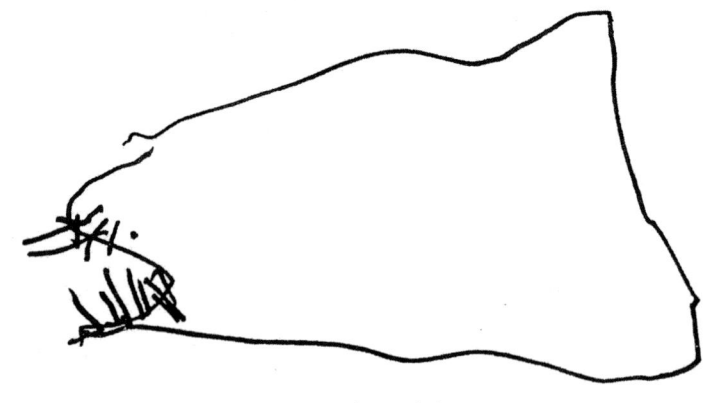

阿里,4岁,《鲨鱼》

帮助孩子应对恐惧

当开始思考如何帮助孩子处理和谈论他们的恐惧时，我们不得不提醒自己，我们不想也不能试图确保孩子永远不会经历痛苦和恐惧。除了不可能之外，即使有可能，这也不会对孩子的成长有帮助。许多父母认为（出于善意）他们需要保护自己的孩子免受某些焦虑信息的伤害。父母不愿意告诉一个曾有疑难病史，且由于行为问题需要进行心理评估的孩子将会去看琼斯医生。他们认为孩子会变得过于焦虑而不愿配合评估工作。琼斯医生则鼓励他们告诉孩子并观察她会问什么样的问题。不出所料，孩子提出了很多问题，然后很开心地去看医生，而医生也没有给她查血或注射、输液等。显然，父母能够让孩子带头解决她的问题，甚至当最终见到琼斯医生时，她避免了更多的焦虑。其他的父母认为帮助孩子掌控焦虑情绪的方法是给他们大量的关于其最害怕的事情的信息。例如，一个3.5岁的孩子正挣扎于权力、规模和侵略的话题，他对海湾战争中的轰炸消息既害怕又着迷。父母鼓励他尽可能多地和他们一起看新闻。他们鼓励他提问并尽可能准确地回答他的问题。他们向他提供了太多的信息，以至于他可以描述最近一次轰炸的所有细节。这个小男孩似乎被获得的海量信息淹没了。他变得非常有侵略性和控制欲。他的父母开始意识到他们向他灌输了太多的信息，这非但没有减轻他的焦虑，相反当无意中听到他向朋友讲述最近的爆炸事件时，他们感觉在给他火上浇油。孩子告诉他的朋友，爆炸真的距离遥远，又说爆炸就发生在隔壁镇上。因此，当孩子听到巨大的响声时，他不止一次地问父母是不是炸弹。当然，"距离遥远"概念的意义对这个3岁孩子和他的父母来说是非常不一样的。直到他向父母提问后，父母才告诉他相关的信息，并非常明确地告诉他爆炸发生的地点真的有多远，这时男孩的焦虑才稍微有所减轻。

上述案例中的两对父母都有很好的意图。他们知道，孩子们有时需要被保护，以免受难以抗拒事件的影响，而且他们需要获取一些信息以理解某些特定的事物和事件。然而，这两对父母都没有让孩子做主导。

在第一个案例中，孩子最初没有机会对她将要去见另一位医生的事实做出反应。第二个孩子则得到了太多的信息，父母对他面对这些海量信息的反应没有做出回应。在看到孩子如何对一种特定恐惧产生反应后，回顾往事，我们通常会成为更加明智的父母。我们可以遵循一些指南，它们可以帮助我们支持孩子试着去应对恐惧。这些建议存在于极端的例子中，并且包含5个方面。

☐ 多少信息

第一,给予孩子信息是很重要的。当孩子提出问题时,有一条重要的原则就是尽可能诚实地回答。一开始你不想给出太多的细节,因为你想同孩子讨论它,你还想确定孩子真正想问的是什么。比如,小男孩对爆炸事件的痴迷使他在接触到非常丰富的信息之前就已经进行了很多探究。他的问题和焦虑可能与成人的想法不相同。成人应对海湾战争的一种方式是尽可能多地收集相关信息。这能给人一种面对混乱不堪和难以置信的情况时的控制感。然而,这些信息量和强度对这个小男孩来说太大了。这一点引出了我们的第二条指南。

☐ 儿童对恐惧问题的反应

第二,一旦给了孩子们信息,我们就想要观察他们对信息的反应,并鼓励他们讨论交流并提出更多的问题。他们提出的问题可能与我们所认为的有很大的不同。例如,前文我们探讨的那个小男孩更关心炸弹离他有多近,而不是爆炸的细节。这些细节似乎让他更加焦虑和不知所措,使他分心而不询问最让他感到害怕的事情:"我会被炸弹伤害吗?炸弹会来我家吗?"鼓励孩子多讨论和提问的最好方法是说类似"思考一段时间后,你可能会有更多的问题"这样的话。父母

经常问:"如果他问了一个我无法回答或者不确定如何回答的问题,我该怎么办?"通常比较好的方式是对孩子说:"那是一个好问题(或一个难题)。我会让你知道答案的,但是我需要思考一会儿才能回答你。"有时候,让孩子参与到关于这个问题的对话中来,会让孩子深受启发。

☐ 在感情和行为之间建立联系

第三,我们可以通过在他们的情感和行为之间建立一些联系,来帮助孩子们谈论和应对他们的恐惧。有些行为向我们表明,孩子们因恐惧而感到有压力。这些行为包括睡眠或饮食的紊乱、活动或攻击性的增加、退缩或疏远行为以及对正常事件的极端反应。例如,那个担心炸弹的3岁男孩变得更加活跃和具有攻击性。"你跑来跑去,看起来很不安,我不知道你是不是在担心什么事情?"或者"你真的经常打架和打人。我在想那些炸弹会不会让你感到害怕或不安?"可能是一个有用的联系。有时孩子们不能直接谈论他们的恐惧,而且会飞快地回答问题:"不,我不害怕。我什么都不怕。"在这种情况下,通过更间接的方式(比如通过游戏的角色)为孩子们建立联系通常是有帮助的。我观察到很多孩子都喜欢一种名为"Woof Woof"的跟影子聊天的游戏,影子是用手电筒和父母的一只手完成的,这可以帮助孩子们在睡前放松。

一天晚上,一个4岁的小女孩与"Woof Woof"就"即将出生的新兄弟姐妹"这一话题进行了一次长谈。这个小女孩非常反对她的母亲,但她不接受这样的联系——弟弟(妹妹)的出生对她可能产生的影响让她感到不安或担心。"Woof Woof"告诉小女孩,婴儿哭的时候可能会很吵。小女孩非常同意,并生动地描述了这个婴儿可能做出的所有让她烦恼的事情。在喋喋不休的同时,她也慢慢地放松下来,第二天她的反抗和吵闹开始消退。从那以后的许多个晚上,她在睡前故事之前会继续与"Woof Woof"谈话并寻求帮助。

☐ 恐惧和发展阶段

第四,当帮助孩子们理解和应对他们的恐惧时,我们需要问自己:"孩子们的特定恐惧在他们的发展阶段中意味着什么?"记住,一般来说,婴儿害怕失去保护和养育环境;学步期的儿童通常害怕失去爱和赞许、害怕失去自我和父母;学龄前儿童的恐惧来源于身体的完整性,他们也害怕失去父母的爱。即使学龄前儿童到了4岁,这也并不意味着他(她)不再有学步期儿童或婴儿的恐惧。这些发展阶段的各个方面构成了儿童的人格。

最近,我听说一个5岁的小男孩将第一次在船上过夜。他对这场即将到来的旅行既兴奋又焦虑。他很高兴地看了船的照片,并测量了家里的后院,然后将它与这艘船的大小进行比较。他还画了这艘船。他一直否认自己害怕这艘船,直到一天晚上他问道:"我们必须穿着救生衣睡觉吗?"他的父母回答说:"不需要。"他又问:"如果船下沉怎么办?谁会帮助小孩穿上救生衣?"很显然,这个小男孩对即将到来的旅行可能影响生命健康的恐惧与几个发展阶段有关,包括对陌生的恐惧、对自我和父母的失去以及对权力和力量的担忧。了解这些不同的阶段可以帮助我们理解孩子的恐惧,并给予孩子有效的策略来控制这些恐惧,最终以积极的方式体验新的事件。

☐ 恐惧的独特含义

我们需要遵循的第五个也是最后一个指南就是,当我们试图帮助孩子们应对和掌控他们的恐惧时,应注意孩子们给他们的恐惧所赋予的独特含义。不同的孩子所赋予的含义各不相同。了解这些恐惧的根源、尊重它们的含义,并为孩子建立联系是至关重要的。例如,2岁的马修,当他认为自己的食物太热时,就会变得非常害怕。他开始哭泣并向母亲求助。他小时候曾把一杯热茶洒在自己身上,导致胸部有三度烧伤。此后,他逐渐适应了父母为他准备的食物的温度,因为父母给他准备的食物不同于为其他人准备的、对他来说引发过意外事故的热茶。

小　结

这一章与帮助孩子们谈论他们的恐惧有关，在结尾处重申总体观点是很重要的。恐惧是人类的一种不可避免的情绪，在人类发展中发挥着作用。有一些典型的恐惧与发展的不同阶段有关。孩子们通过他们的行为、游戏和语言来表达他们的恐惧。如果孩子们在和成人交流他们的恐惧（以这些方式中的任何一种方式）时得到了回应，他们通常会感觉更舒服和放松，并告诉成人如何提供更多的帮助。对父母来说，最困难的任务之一就是面对不能完全消除孩子恐惧的无能为力。虽然当我们和孩子们交谈时，他们可以大胆地向我们求助，但是仍有很多时候孩子们不得不独自面对恐惧并生活其中。

5岁的马修和3个朋友以及他的妈妈一起在海滩洞穴探险。在某一刻，他因为担心爬得太高而吓得不能动弹。虽然母亲就在身边并确保他的安全，但他还是开始颤抖和哭泣，并大声喊道："我希望圣诞老人在这里！"虽然母亲有些伤心难过，因为她在身边保护马修的安全并不能让他感到安慰，但是他能够清晰地表达自己的恐惧仍然让母亲感到欣慰。后来，当他安全地回到家时，他说起自己爬得有多高。他承认这是非常可怕的,但他仍为自己取得了这样的成就而感到骄傲和兴奋。他已经在某种程度上意识到,即使母亲就在身边,他也不得不独自面对恐惧。

第四章

"我想杀了我的妈妈。"
——应对生气、攻击性和愤怒的感受

孩子们对愤怒和攻击性的表达

4岁的乔纳森和妈妈正在他最喜欢的玩具店里购物。他们在给乔纳森的朋友买生日礼物。妈妈告诉乔纳森,他可以给自己买一个不贵的小玩具。他提前决定选一辆几周前就看好的小汽车。他选择给他的朋友买一辆大的消防车。当他和妈妈准备付钱时,乔纳森问妈妈是否也能给他买一辆大的消防车。妈妈说"不可以",并向乔纳森解释说他们已经达成一致意见,只能买一个便宜的玩具。他恳求了几次,然后不情愿地买了小汽车。他安静地走向小汽车,然后扑倒在自己的座位上,强忍住泪水,嘟哝着抱怨道:"我想杀了我的妈妈。"他的妈妈说:"我知道你很生我的气。我很抱歉让你感到失望了。"说完,妈妈就这样离开了,乔纳森慢慢地开始探索他的新车。

当读到这个妈妈的回应时，你可能会有很多强烈的反应，比如：

一个孩子怎么会有这样暴力的想法呢？

乔纳森的母亲为什么不告诫他说话不能如此暴力呢？

孩子是因为看了太多的电视节目而获得了这些暴力的想法吗？

无论问题是什么，人们通常会对成人或儿童做出的这种评论产生关切。这表明我们都很难表达生气和愤怒这一事实。我们中的大多数人宁愿承认自己感到害怕，也不愿承认自己感到气愤。当生气时，我们常常会不知所措；当生一个孩子的气时，我们尤其会感到不舒服。如果我们正在经历愤

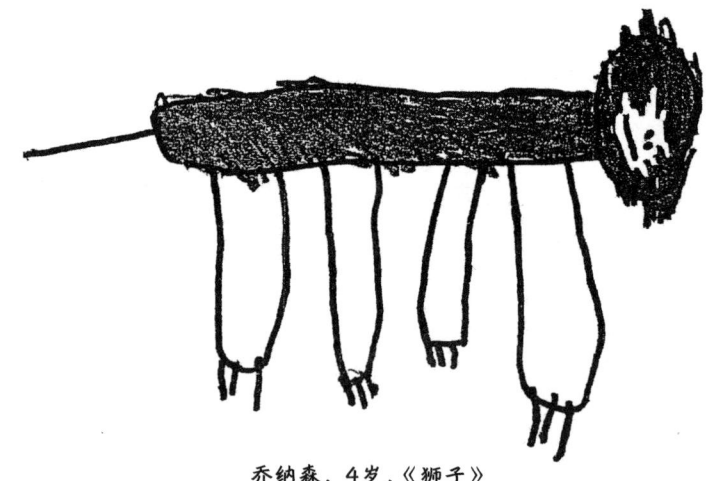

乔纳森，4岁，《狮子》

怒,却不知道如何谈论甚至承认愤怒,我们又怎么能帮助孩子做到这一点呢?我们需要提醒孩子——也许这也是我们自己更脆弱的一面——表达愤怒的想法并不一定意味着我们要表现出愤怒的行为。为了开始思考如何帮助孩子谈论并恰当地表达愤怒,让我们先关注我们所知道的攻击性情绪和行为的发展,以及这种情绪和行为在发展中发挥的重要的和正常的作用。

攻击性发展的不同方面

□ 对攻击性的疏导

攻击性和攻击性能量是个体逐步发展的基本要素(Freud, 1946, 1965)。当攻击性被适当地引导和表达时,它便能进行自我保护并发展成能适当地维护自身的能力(Provence et al., 1977)。它能够使孩子产生一种分离和独立的感觉(Mahler, 1975)。攻击性也是学习的基本能量。引导攻击性能量可以让孩子变得好奇、坚持、质疑、有竞争力、驱动自己去掌握技能和挑战以及解决问题。如果一个人认为大量的成长和学习是发生在学龄前阶段的,那么在这一发展阶段出现攻击性能量的正常高涨就不足为奇了。引导和表达攻击性能力的发展需要时间和耐心。有些孩子在这方面的发展

比其他孩子更困难。但是，总的来说，我们拥有这样的期待是适当的：随着孩子在学龄前阶段的发展，他们会更能使用语言而非动作来表达自己的愤怒。儿童从动作发展到使用语言来表达愤怒，通常还有一个中间环节，但他们还是会产生动手和伤害他人的冲动。艾森伯格（Eisenberg，1998）及其同事发现，随着时间的推移，儿童调节情绪的能力从依赖外部控制（如父母或教师）转变为使用内部控制。此外，在调节情绪时，他们能越来越多地使用更好的认知和应对策略，以调节激动的情绪。最终，他们能够进入一种使负面情绪反应最小化的情境和关系中。幼儿不具备使用所有这些技能的能力，所以当体验愤怒和攻击性的感觉时，他们需要成人的帮助和自身不断的成熟，以逐步实现内部控制。

内部控制的发展

攻击性显然是发展的一个必要因素。它使人能够生存、自我保护和学习。一个人只需观察一群孩子，就能意识到爱和恨的感情是自然地交织在一起的，而且人在一生中往往会对所爱的人产生攻击性和消极的感情。攻击性冲动管理能力的发展经历了一系列的阶段。在正常的发展过程中，这些冲动是由爱的冲动或对与他人关系的投入所控制（Freud，1946，1965）。孩子对自己和他人的信任感是这些关系形成的基础（Erikson, 1950）。信任程度越高，关系越稳定，孩子就越有可能迅速地发展出内部控制能力，以及更合适地表达和引导攻击性能量的方式。与其他重要能力的增长一样，内部控制能力的发展是一个需要时间的过程。5岁的孩子比2岁的孩子更少在沮丧的时候发脾气，但5岁的孩子有时也会失控，要么发脾气，要么伤害别人。

成人是自我控制的榜样

儿童怎样才能最好地学会发展内部控制，并恰当地表达自己的愤怒呢？如前所述，他们首先要发展出对自己和他人基本的信任感。正是与他人保持这种关系上的投入，才能够帮助孩子学会在生气的时候抑制自己动手或伤害他人的冲动。随着时间的推移，对他们来说，得到父母的接纳、爱和赞许比屈服于失去控制的冲动更重要。孩子也将成人视作行为榜样来表达愤怒和沮丧。如果成人经常面对孩子失控，那么孩子在认同成人之后将模仿成人失控的行为。如果成人用语言表达愤怒，或者在失控后将语言与行为联系起来，并表达可能会出现的不同表现，那么孩子就会用语言来表达强烈的愤怒和（或）沮丧的感受。除了作为榜样，成人还需要对愤怒和攻击性的表达有年龄适宜性的、清晰的、持续的期望。如果成人传达的信息是"任何形式的愤怒表达都是不好的或可

耻的"，那么孩子可能很快就会遵从这些期望，但不一定会内化这种能力来控制自己。他们也可能把愤怒转而指向自己，并且变得沮丧和孤僻。另一方面，如果没有设定规则和界限，孩子们可能会继续处于失控和冲动的状态，直到他们被设定了界限。这些孩子没有发展出内在控制能力，可能会被视为有严重的行为问题。

斯特拉斯伯格、道奇、佩蒂特和贝茨（Strassberg, Dodge, Pettit, & Bates, 1994）最近的研究表明，在家庭中使用惩罚的类型与儿童对同龄人的侵犯行为具有相关关系。经常被打屁股的孩子，如果在与同伴的互动中感到委屈，那么他们进行攻击性报复的可能性是其他人的3倍。受到暴力惩罚的儿童会出现大量的恃强凌弱的攻击性行为。卡茨（Katz, 1999）发现，孩子控制消极情绪的能力因父母对强烈情感表达的反应方式而有所不同。"情感疏离型父母"通常忽略、否认或试图改变消极的情感。"情感教导型父母"会帮助孩子给情感贴上标签，允许孩子表达消极情绪并教会他们如何应对消极影响。"情绪教导型父母"的孩子在失去控制和控制消极情绪时，比"情绪疏离型父母"的孩子更能自我安慰。此外，"情绪教导型父母"的孩子比"情绪疏离型父母"的孩子更少地出现行为问题。因此，让孩子体验和表达强烈的情绪（例如愤怒），有助于他们最终发展内部控制能力。

☐ 学步期儿童和攻击性

内部控制的发展依赖外部的限制和期望以及孩子社交关系的质量。内部控制的发展也依赖儿童的内在状态和发展水平。如前所述,儿童攻击性冲动的体验和表现在学龄前经历了一系列的阶段。在学步期,尤其是2—3岁时,儿童有一个正常的积极能量急剧上升的时期(Freud, 1965; Furman, 1990; Parens, 1989)。这种攻击性能量为语言、运动、认知和社会性—情感领域的大规模发展提供了必要动力。这是一个孩子将自己定义为独立个体的时期。为了做到这一点,他们

卡拉,5岁,《太阳》

学会了坚持自我,并远离其主要的照顾者。这项任务也需要攻击性能量。他们会变得容易沮丧,因为他们知道世界并不总是按照他们想要的方式运行。2岁的时候,儿童的语言还没有得到很好的发展,因此,他们会通过发脾气和失去对自己身体的控制来表达他们的沮丧。

学龄前儿童和攻击性

随着年龄的增长,孩子的语言表达能力开始发展。这种发展是渐进式的,并不意味着孩子能够完全使用语言来表达他们的愤怒或挫折。一个孩子可能会对另一个孩子大喊:"不要拿我的积木!"与此同时,他会试图带有攻击性地拿走积木。这可能被认为是一种攻击性行为,但孩子仍然是试图用语言来表达愤怒的。随着语言表达能力的发展,孩子可能会说一些暴力或仇恨性的话,比如"我要炸掉你的房子"或者"我想杀了你"。在这种情况下,成人需要提醒自己,孩子说这些话并不意味着他们就会做出这些行为或成长为一个暴力的成人。然而,近期发生在高中和小学的枪击事件和爆炸事件,使得成人很难做到这一点。对于教师来说,如果一个孩子说"我要炸掉你的房子"之类的话,就马上把他送回家是没有用的。如果一个教师直接告诉孩子"这是一件不好的事情",才是对孩子有帮助的。

帮助孩子表达愤怒

成人可以通过多种方式回应孩子的话,以帮助他们更好地清晰表达和扩展自己的情绪。

(1) 说"你真的生我的气了,我想你一定是真的失控了",通常是有用的。

(2) 对于一个正在感到失去控制的孩子来说,听到一个成人说"好吧,我不会让你伤害我。如果你不能阻止自己的话,我可以阻止你"这样的话,是能够感受到安心和可靠的。这需要以一种不带威胁性的方式,而不是以一种可能具有挑战性的方式来表达;否则,孩子可能会受到惊吓,使威胁升级。孩子通常会担心如果自己失控了,成人也同样有失控的感觉。有时孩子会坚持表达自己愤怒的想法,试图激起成人失控的反应。了解到孩子担心成人的反应,可以帮助成人知道如何应对孩子的失控。有一次,在给4岁年龄班的孩子上课时,我对坚持要爬到架子上,然后再跳到地板上的路易斯设定了一个限制。在我第四次阻止他之后,他焦虑地看着我并问道:"那么,你不会伤害我吧?"我很惊讶地说:"不,路易斯,我不会伤害你,但你不听我的话让我很生气。"他立刻放心了,不再违反规则。

（3）成人可能不知道孩子为何如此生气，他们可能需要帮助孩子认识现实状况以外的事，以确定他（她）为什么反应如此强烈。这样说可能是有用的："我知道你因为要轮流等待而生气，但我不知道你是否也在为别的事情生气。"这样的话语可以帮助孩子仔细回想他（她）的感受，也许还能理解自己的强烈反应。成人也可以为孩子建立联系，但是你必须小心，不要把情绪归因于缺乏自信。你这样说可能是有用的："我想你还在生杰西的气，因为他昨天说你不能参加他的生日聚会，而现在轮到他了。"孩子可能会回答："是的，那么他也不能参加我的派对。"对于一个成人来说，最好的回应是："我知道你现在真的很难过，但是很快就轮到你了。也许明天你会轮到第一个。"

大多数孩子在进入学前班时，语言能力已经相当发达了。他们能够识别和表达各种感受。他们已经形成了一种分离和独立的意识，并逐渐放弃了他们可以控制自己世界中的一切的想法。他们开始考虑长大，当不具备成人同样的能力和特权时，他们有时会变得焦虑和沮丧。一天，一个不到4岁的孩子，在他和叔叔们玩了一场激烈的追逐游戏后，对他的母亲说："当4岁时，我就是一个男人了，我要得到一辆车。"学龄前儿童也在学习处理三角关系，主要是他们与父亲和母亲的关系（Freud, 1932）。攻击性行为的形成通常出现在学龄前阶段，表现为对攻击性和竞争性的表现欲和一种支配的态度（Freud, 1965；Provence et al., 1977）。想象你和4岁的孩子在操场上玩耍。过不了多久，你就会看到追逐游戏（好人对坏人），听到诸如"我不再是你的朋友了""我们的堡垒比你们的大""我们去抓坏蛋吧""为什么我们不能玩枪呢？它们神奇而令人兴奋，它们会保护你。我们只是在玩大孩子的游戏"之类的话。

虽然年龄较大的学龄前儿童有更好的语言技能，他们通常可以用语言来表达攻击性的感受或冲动，但他们有时确实会失去这种能力，失去控制，并诉诸发脾气以及击打、踢、扔或咬等失去身体控制的行为。我们不能期望学龄前儿童总能控制自己，但我们可以提醒他们在表达感受时使用语言的重要性。虽然我们可以理智地理解儿童攻击性行为的原因，但当应对具有攻击性的儿童（尤其是那些挑战我们极限的儿童）时，我们却不能总是记住这些原因。具有攻击性或目中无人的孩子会使成人感到愤怒和消极，在某些情况下，成人甚至会以一种具有攻击性、竞争性和虐待性的方式做出反应。换句话说，孩子们的这种行为可能会让我们觉得想要跳进沙箱，猛冲进泥沙中。正是这样的时候，我们可以成为孩子的榜样，把我们的想法和情绪用语言表达出来。为了成为表达强烈负面情绪（如愤怒）的好榜样，成人需要以适当的方式承认自己的愤怒。有时成人认为,在孩子身边时他们最好隐藏自己的愤怒。然而,孩子能够看穿咬紧牙关的笑容,即使成人试图保持冷静,孩子也能够体验到成人的愤怒。这对孩子们来说更令他们困惑,因为成人的面部表情和举止与潜在的情感不匹配。孩子做的很多事情可能会让成人感到生气和恼怒。这些事情包括:通过行为发牢骚、持续地触碰界限、不停地发脾气、对成人或其他孩子进行身体攻击以及顽固地拒绝做某事。成人能做的最重要的事情之一就是承认并接受自己的愤怒反应。如果觉得自己可能会失控,那么成人需要让另一个成人接管孩子一段时间。如果附近没有其他成人,他们需要走开并休息一会儿。深呼吸,并数到10。这种方法通常会有用。成人可能需要说这样的话:"我现在不能待在这里,因为我生你的气,而且没有办法控制。当我去控制自己的愤怒情绪时,我会让××来帮助你控制自己,然后我们才能谈话。"有时成人可能需要说"当你不听我的话的时候,真的让我很生气"或者"我不喜欢你总是从萨拉那里抢拼图。我想知道我怎样才能帮助你停止那样做"。

小　　结

当成人试图帮助孩子谈论愤怒时，他们需要愿意听到强烈的话语，并知道年幼的孩子不可能将诸如"我要炸掉你的房子"之类的话付诸行动。对成人来说，重要的工作是对孩子强烈的愤怒情绪做出反应，并承认这种情绪多么具有压倒性，以及孩子感受到这种情绪时会多么失控。成人可以向孩子指出，有时他们选择的词语（如憎恨、杀戮和爆炸）可能有点太强烈，甚至可能会让他们感到更害怕。与此同时，他们需要承认，一种足以让其使用这些词汇的强烈感受肯定是可怕的。一个成人可以对一个孩子说："你现在有一种强烈的、愤怒的感觉。我想我能帮你应对它。当你对我说'我想杀了我的妈妈'时，我知道你真的在生我的气。我知道你真的希望可以得到那辆消防车。但是即使你非常生气，我也不会改变主意。"这种互动向孩子们表明，人们会对他们说的话做出反应，但是每个人都有自己的情绪反应，而且这种情绪反应可能与他们的不同。这也为孩子们树立了榜样，告诉他们如何在不失控的情况下谈论强烈的情感体验。

第五章

"你死后,我能住在你家吗?"
——儿童对死亡、分离和失去的看法

儿童对死亡的好奇

最近,在当地的两个日托中心里,有两件非常有趣的事,从中可以看出成人和儿童在谈论和思考死亡时的取向是多么不同。有时成人会极力避免与儿童谈论死亡的话题,因为他们不想让儿童伤心。在其中的一个日托中心里,一条宠物金鱼死了,工作人员迅速用一条新的金鱼替换了死去的那一条,并告诉已经注意到原来那条金鱼不见了的儿童——因为水有问题,所以金鱼生病了,但是他们并没有提及金鱼已经死了。于是,儿童也就没有再问其他问题,但与此同时他们也错失了一个了解儿童对死亡的疑问及想法的良机。教师实实在在地传递出这样的信息:死亡这个问题是不受欢迎的。

但是,在另一个日托中心里,我观察到了相反的情况,从观察中可以看出在自发的游戏中儿童是如何自然地探索死亡概念的。

帕特里克、格雷戈里和希拉丽在操场上用塑料牛奶箱进行建构活动。帕特里克和格雷戈里说他们搭的是给去世的人的天堂。希拉丽说她扮演的是一个死去的小孩。帕特里克说她可以进入天堂，因为她是死人；但她现在还不能立刻进去，因为她需要排队。格雷戈里拿着一块石头和一根棍子，他称之为魔法石和钥匙，在他们整个游戏的过程中，这两样东西必须放在天堂里。格雷戈里看见希拉丽闭着眼睛躺在沙箱里，他说希拉丽已经死了。格雷戈里接上希拉丽一起走向天堂。在去天堂的路上，除了偶尔瞥一眼路之外，希拉丽的眼睛几乎一直是闭着的。随着希拉丽的到来，天堂变成了一个医院。她被放在一个专门为死人准备的床上，那里有护士夜以继日地照顾死去的人。希拉丽需要在天堂里待18天，时间一过，她就重生为一个婴儿，随之游戏的焦点就转向了婴儿。

这些例子表明，幼儿在生活中确实会遇到死亡。其中多数是宠物的死亡或祖父母的过世。在不寻常的情况下，幼儿也不得不去面对父母或者兄弟姐妹的死亡。儿童确实会思考死亡的问题，并且他们会有一些和成人不一样的观念。一般来说，成人不愿意与儿童谈论死亡，因为他们不想让儿童感到难过。

那么，成人怎样才愿意与儿童谈论死亡呢？理解幼儿对死亡的认知并知道如何区分幼儿对这一概念的好奇和焦虑是非常有用的。另外,尤其在分离、独立和失去这些问题上,了解幼儿的发展状况是如何对其产生影响的也很有用。最后,正如本书所强调的,仅仅倾听儿童关于死亡的看法,就能让我们在很大程度上了解他们内心的想法。透过儿童语言的表层意思而获得其思想的真实写照同样十分重要。以4岁的贾丝明为例,最近她的妈妈去世了。在葬礼上,一位阿姨观察贾丝明并说她并不认为贾丝明真的理解究竟发生了什么事情。因为在葬礼结束后亲朋好友聚会待客时,贾丝明一直说她想回家看电影《小脚板走天涯》(*Land Before Time*)。这位阿姨并没有意识到贾丝明的话实际上是多么的意义深刻。《小脚板走天涯》这部电影是关于一个失去妈妈的小恐龙的故事。恐龙在寻找妈妈的过程中感到孤独和恐惧,总是挣扎着意识到自己永远也找不到妈妈,并彻底感到迷失和孤独。贾丝明是在将她深切的痛苦与那些能理解她所使用的隐喻的人进行交流。

□ 儿童对死亡的看法和疑问

当我们鼓励儿童谈论死亡并且对此进行提问时,他们会说到很多有趣的事情。儿童通常会担心如果父母一方去世了将会发生什么,其中最直接关心的是谁来照顾他们,因为这

一时期的儿童属于典型的自我中心主义者。4岁的马修曾经问他的妈妈："如果你死了，我该怎么办？"妈妈回答说："爸爸会照顾你的。"马修对这一回答并不满意，接下来他又问："那么，如果爸爸也死了呢？我能继续住在你们的房子里面吗？"妈妈回答说："不是的，如果爸爸也去世了，你必须跟金尼阿姨和理查德叔叔住在一起。"马修听了之后开心地说："好耶，那我就可以住在农场里了。"由此可以看出，马修并没有过多的疑问。他真正想知道的就是如果父母去世了谁来照顾他，并且他对了解到的信息十分满意。很明显，马修的问题反映出了4岁幼儿的自我中心式的思维。另外，这次关于死亡的讨论并没有引发马修任何特别的恐惧。他并不担心父母即将死去。实际上，他不担心是因为他知道即使父母去世也会有人照顾他。这已经是当下他需要了解的全部了。

的确，儿童有时会担心死亡，也会问相当多重复性的问题，直到他们对答案满意为止。5岁的贾斯廷无意间听大人们谈起，有个人在火山爆发时因为回去拿摄像机而被烧死，贾斯廷就这个故事追问他的父母长达20分钟。以下是关于他所提出的问题的例子。

"发生了什么事？"

"为什么他要回去找他的摄像机？"

"他是怎么死的?"

"他死的时候没见到他的妈妈吗?"

"他的妈妈哭了吗?"

上述的每个问题都很难回答,并且再次反映出幼儿思维的自我中心性。贾斯廷认为那个将死之人会和他在类似的情况下想法一致,他想到的是他的妈妈。从贾斯廷快速重复的问题中能看出他的焦虑。当他说如果自己身处类似的情况,他不会跑去找摄像机而会跑到安全的地方时,他感觉好多了。这种更合适的解决办法让他对这个恐怖的故事有了更多的控制感。每当贾斯廷开始提问时,成人都会敷衍地以不太清楚细节为由来试图转移他的注意力,并努力引导他谈点其他事情。多亏贾斯廷,成人才开始和他就这件事进行交谈,经过讨论,贾斯廷的焦虑感减轻了很多,并能够转移到其他的话题上了。

□ 儿童的死亡观

幼儿常常不能理解死亡的永恒性。另外,他们也不能理解一个人死了,所有的身体机能就终止了。萨拉在奶奶(外婆)的葬礼后问她的妈妈:"奶奶(外婆)在地下怎么呼吸?"另一个小女孩在爷爷(外公)去世不久后在操场上玩耍,她

正在装婴儿车要到天堂去看爷爷（外公）。看看下面这组一个4岁幼儿和一个5岁幼儿的对话。

"我奶奶（外婆）去世了。看！她就在天上呢！"
"我什么也没看见，我只看见了天上的云。"

后来，4岁的妮科尔问她的妈妈："天空是用来干什么的？为什么珍妮的奶奶（外婆）会去那儿？"妈妈向她解释了死亡，并告诉她珍妮的奶奶（外婆）年纪很大，病得很重，然后就去世了。妈妈还告诉她，有些人相信人死后他们的灵魂会到一个叫天堂的地方，并且人们认为天堂是在天上的。妮科尔对这个解释的反应是："好吧，我不想去那儿。"然后，她就继续玩耍。妈妈对此的回应是，在需要考虑死亡之前，妮科尔还有很长的一段生命历程以及许多事要做。虽然成人不可否认死亡确实会或将会发生，但是他们可以用现实可行的方式来回应儿童，这样儿童会觉得问题得到了答复，如果需要，以后他们还会提更多的问题，并且他们感觉到面对死亡这一复杂且恐怖的概念，即使表现出焦虑也是会被接纳的。

帮助儿童谈论死亡

儿童的问题展现出他们的挣扎和对死亡概念的好奇。成人想知道,谈论死亡是否会对儿童造成无法弥补的伤害。儿童需要知道提问是可以的,如果成人回避了他们的问题,儿童将会认为他们谈论的是坏事。这将抑制儿童的好奇心,并且让他们对死亡感到更焦虑。最近,在当地的一所幼儿园里,一名幼儿的妈妈久病后去世了。园长给家长们写信告知了这件事,还说第二天她将要把这件事告诉孩子们。一些家长打电话给园长,问她是否真的认为告诉孩子们是个好主意,同时这是否会让孩子们太伤心。园长恰当地回应说:是的,她会告诉孩子们,因为他们经常谈论发生在班里孩子们身边的事,虽然这是一个令人痛苦的话题,但她认为孩子们需要谈论这个话题,并且成人应该帮助孩子们处理这样一个棘手的事件。

□ 与分离或个性化有关的死亡

学龄前儿童看起来对死亡如此感兴趣和好奇的原因之一是,这一发展阶段的他们正面临分离和失去的状况。他们正努力成为独立自主的个体。这个过程将持续整个青春期和成

年期,并始终伴随着分离和失去的问题。

6—9个月的婴儿开始识别熟悉面孔和陌生面孔之间的差异,与此同时,她必须放弃自己和主要照顾者生活在一个平静的共生状态中的想法。争取自主权的学步儿(Erikon,1950;Mahler,1975)必须意识到他或他的父母不是万能的。第一次去日托中心的幼儿必须面对白天因想念父母而产生的愤怒和悲伤情绪,也必须通过在日益增长的学校经验中获得兴奋感来调和这些感觉。积极争取独立的青少年必须真的从家里搬出来并依靠自己,不再期待或渴望父母能帮自己解决问题。所有这些发展中的进步都需要儿童经历一些损失,也正是这些损失有时候会引起儿童对死亡的好奇。儿童和父母都必须学会面对的最具挑战性的损失是,要求儿童与父母分离的损失。在应对这些损失时,儿童与父母都有分离焦虑的经历。正是我们帮助儿童理解和应对分离焦虑的方式,影响了分离焦虑在儿童发展中所起的作用,也影响了儿童表达死亡问题的方式。为了帮助儿童理解并应对分离焦虑和死亡问题,成人必须先理解自己的分离经历和分离焦虑。

学龄前儿童对失去的发展性反应

当观察大量精力充沛的儿童时,我们很容易明白为什么他们开始对死亡感兴趣并对此提问。虽然独立是儿童的目标,但他们这样做的实际成就可能是令人愉快的,也可能是压倒性的和令人恐惧的。为了实现独立自主,儿童需要放弃或失去婴儿期某些方面的东西。正是这种损失能同时唤起愤怒和悲伤的情感。其中的一些情绪可能非常强烈,而且大多指向他们的父母。因此,这种矛盾情绪会令其感到困惑。

儿童会因为很多原因而开始提出与死亡有关的问题。第一,儿童越独立,他们就越能觉察到自然事件和动植物的生命周期。他们自然而然地变得对人类的生命周期感到好奇,并且开始对死亡的抽象概念提出问题。因为儿童的思维具有具体形象性,所以他们会不断地提出重复性问题。因此,对他们来说,顺应图式以理解这样的抽象概念是非常困难的。第二,不管是获得独立性还是日常分离时,儿童都会有失落感,所以他们的确会思考和担忧与亲人的永别。第三,儿童对失去婴儿期的依赖感到矛盾,有时他们确实会向往婴儿期的快乐时光。当受到独立性的挑战时,他们希望父母无所不能,并且能够解决他们的冲突。但当他们意识到父母并非全能时,他们就表现出以愤怒和悲伤为特征的强烈反应。这些情绪对儿童来说似乎无法驾驭,他们担心这些强烈的情绪是否会失控,或对他们所爱的人造成伤害。正是由于儿童的以自我为中心和奇幻思维(例如,如果我想到或感觉到某种不好的事情,这些不好的事情就会发生),他们才会担心这些强烈情绪的危险性。正是这些感觉引发了儿童对失去的焦虑。想想那个谈论她父亲的4岁女孩，父亲因为离婚已经从家里搬出来了，她说："爸爸再也不想要我了，爸爸不想活了。"她当下就经历了失去和拒绝的体验，这将随之与小女孩头脑中有关死亡的概念发生联结。显然，她在这个简短但有力的声明中表达了自己的想法，并让成人有机会探索她的感受和焦虑。

因此，显然儿童的确有能力思考和谈论死亡，并且有兴趣扩展这一概念。学龄前儿童处于认知发展的前运算阶段（Piaget，1952）。这一阶段的儿童具有自我中心性和思维的具体形象性。他们开始出现奇幻思维。由于其独特的感知世界的方式，他们并没有完全领会死亡的永久性、普遍性和非功能性。大概在7岁时，儿童才能够完全理解死亡的概念（Speece & Brent，1984）。

口 儿童与死亡

幼儿认为死亡是可逆的。他们认为人或动物死了之后，要么用魔法，要么过一段时间，他们都还会复活。这在前面所描述的例子中表现得清清楚楚：装好婴儿车去天堂探望爷爷（外公）的孩子、问（已经去世的）奶奶（外婆）什么时候醒来的孩子、谈到刚过世的奶奶（外婆）时说"奶奶（外婆）

会在 4 月份回来，因为那个月是我的生日"的孩子。听到幼儿这样说，成人通常是很痛苦的，因为在许多方面幼儿所相信的和想象的恰恰是成人所期望的。所以，成人认为他们不应该与幼儿谈论死亡，因为幼儿真的不能理解这一概念。尽管儿童在他们的认知水平上理解了死亡，但他们仍然需要经验来扩展对这一概念的理解，最后，对死亡的理解达到既成熟又符合本土文化和信仰的状态。

幼儿还不能完全理解死亡的非功能性（例如，一个人死了，所有的身体机能都会停止），所以他们会对死亡的看法产生困惑。虽然儿童承认他们知道死去的人不能动或说话，但他们仍认为这个人死后，他的大脑是继续工作的。儿童会说类似"奶奶（外婆）想我"这样的话。一个 4 岁的女孩，在奶奶（外婆）的葬礼之后，对她的妈妈说："奶奶（外婆）在地下怎么呼吸？"这个问题表明，这个女孩还不能完全理解死亡的非功能性，但是她正在问那个她需要提出的问题，以进一步扩展她的死亡观。

幼儿首先不能理解的是死亡的普遍性。直到他们经历了宠物或者祖父母的死亡、在新闻上听说了死亡，或者知道了某人已经死去的消息，他们才会考虑自己或者亲人的死亡。当幼儿开始理解这一概念时，他们会问许多关于他们自己及亲人死亡的问题，这些问题让成人感觉极不舒服，而且不知

道如何回答。通常，给成人的建议是弄清幼儿到底问的是什么。然后，给幼儿一个诚实的回答也很重要，尽管它会让你感到不舒服。下一部分会对这个话题进行更详细的讨论。

影响儿童死亡认知的因素

儿童对死亡的理解不仅受他们认知能力的影响，也受一些环境和文化因素（如宗教和他们生活中的死亡风险）的影响。例如，信奉宗教的家庭的孩子对来世有着强烈的信仰，他们通常很难理解死亡意味着身体机能的完全终结。在死亡的普遍性和永恒性上，这些孩子也常常比其他孩子理解得慢。相反，斯科菲尔德和史密兰斯基（Schonfeld & Smilansky, 1989）研究发现，以色列犹太儿童对死亡的永恒性及普遍性有更深刻的理解，因为他们有过战争的经历。以上资料表明，想要帮助儿童理解并谈论死亡，就需要成人理解发展、宗教及文化因素对儿童不断发展的死亡认知的影响。另外，成人需要知道与儿童谈论死亡不会引发他们的焦虑。相反，研究表明，随着儿童对死亡认知理解的深入，他们能够控制和表达焦虑，而不是不知所措（Essa & Murray, 1994）。

对儿童问题的回应

现在，我们清楚了儿童是如何以及何时获得成熟的死亡

第五章 "你死后,我能住在你家吗?" / 95

观的,但是"我们如何帮助孩子们提出他们的问题?""我们如何回应这些问题?",这些疑问仍然存在。有许多因素影响着我们帮助儿童谈论死亡的方式。

知道幼儿在问什么 第一个因素是,确保你知道幼儿在问什么,或者什么样的好奇心或焦虑正推动着问题,这一点十分重要。因此,在你回答之前,先理解幼儿在想什么或者问什么是个好主意。例如,幼儿可能会问母亲:"妈妈,你会死吗?"当然,这位母亲需要给出肯定的回答,但是,在回答之前,她需要了解幼儿的问题。例如,母亲可能会这样说:"是啊,总有一天每个人都会死的。我想知道,是什么让你想到了我的死?"幼儿担心母亲可能会死,也许只是单纯因为母亲已经重感冒卧床多日;另外,幼儿认为母亲死期将至,可能是因为他知道久病的人往往会死。如果这位母亲问他为什么会问这个问题,幼儿可能会说:"嗯,因为你生病了,奶奶(外婆)生病后就去世了。"弄清楚为什么幼儿会在那个时候问关于死亡的问题也很重要。思考幼儿的生活中发生了什么可能会激发他提出这样的问题也很有帮助。例如,5岁的乔纳森开始问父母关于死亡的问题,是在一名互惠生保姆来到他家里住了一年的时候。这个女孩刚开始有一段时间非常想家,乔纳森察觉到了这些。他无法想象离开父母如此之久,这样对他来说就好像父母死了一样。当然,保姆听到这些问

题很痛苦，因为离开父母她已经很伤心了。当乔纳森的父母向他解释清楚，互惠生可以也确实会跟她的父母通电话、写信，甚至当她回家时非常期望见到他们时，乔纳森就不再问这些问题了。

了解儿童应对分离问题的能力 影响问题解答方式的第二个因素取决于儿童应对分离焦虑的能力。由上述例子可以看出，乔纳森的问题是由他对分离的担忧而引起的，并且他想听到的内容并不集中于与死亡相关的问题，而是要确保他的保姆有一天会和她的父母团聚。因此，在回答儿童的问题时，能分辨出他是问关于死亡的问题，还是对近期他难以处理的分离问题感到焦虑也很重要。

谈论死亡时成人的舒适度 第三个影响对儿童死亡问题的解答方式的因素，与成人在回答问题时的舒适度有关。许多成人在回答与死亡相关的问题时会感到不适。回顾本章前面的例子，教师没有提及鱼已经死了。在和幼儿谈话时，成人避免使用"死"或"垂死"这类词语的现象并不罕见。显然，儿童问及的死亡问题很难回答，并且可能会导致一定的不适感，因为实在没有一个回答能够完全同时缓解儿童和成人的焦虑。接下来，如果成人还是感到不适，那么可以这样说："这是个引人深思的好问题，我需要一些时间来思考答案，稍后我会告诉你的。"一旦成人这样说了，对儿童的跟进就十分重要，这样儿童就不会觉得难题不能得到解决，或者成人不会回答这样的问题。如果儿童有了这样的体验，那么他们很快就不再直接问有关死亡的问题了。实际上，当儿童尝试自主回答问题但发现自己做不到时，这可能会导致他们感到更加焦虑。儿童也可能会运用认知策略来回答自己的问题，这依赖于奇幻思维和自我中心性。这些孩子属于坚持他们会在天堂里见到祖母，或者认为祖父在坟墓里呼吸困难的那类儿童。这样的想法会导致他们越来越焦虑，而且没有人会愿意独自被这样的想法困扰。成人不会让自己的孩子独自面对这些问题，因此，对成人来说，在诚实回答儿童关于死亡的问题上，找到大家都感到舒适自在的方法就变得至关重要。

儿童不可避免会谈论死亡 最后一个影响与幼儿谈论死亡的方式的因素是，成人知道自己不具备保护儿童免于思考和谈论死亡的能力。儿童天生好奇，他们想要了解世界的一切。想了解死亡就像想知道人的出生、植物如何生长或者云是什么一样自然。当儿童问起死亡时，成人比任何时候都更容易欺骗孩子，因为成人总是认为儿童应该是快乐的，而且他们永远不会考虑那些令人不知所措的概念。而事实是，儿童需要询问和谈论各种概念，以便丰富和发展他们的认知图式。这正是儿童经历认知失衡状态的时候（Piaget, 1952），这

将会激励他们学习更多,并且调整认知结构以更好地理解某一概念。如果儿童不能打破思维的平衡状态,那么他们对某一概念的认识就停滞不前,这会让儿童感到焦虑不安。

对班级宠物之死的讨论

考虑到以上所有因素,让我们重访那个由于水质差而金鱼神秘消失的日托中心。没有人向儿童提到"死"这个词,也没有人考虑怎样处理金鱼的死,以便展开对金鱼死亡的讨论,并深入了解儿童的死亡观。首先,对儿童来说,如果他们能在金鱼被清理之前就发现死鱼,会很有益。发现金鱼漂在水面上不动了,对儿童来说真的没什么。这样的经历很容易引发对死亡可见特征的讨论。教师可以和儿童一起讨论鱼不再游、呼吸或者进食了,也可以允许儿童提问鱼为什么死了。如果确实是水的问题,那么教师就可以解释水的 pH 值和某类细菌的危害,以及提供适宜鱼生存的合适水温的必要性。让儿童参与死鱼的处理对他们将是有益的。一些班级会在院子里埋葬班级的宠物,甚至会举行追悼会或者立一个墓碑。

如果教师与儿童一起讨论如何铭记这条金鱼,那么他们会产生诸多想法。儿童的反应取决于他们有关死亡和追悼会的经验,以及教师对这次讨论的心理舒适度。班级宠物的死亡可能会引发有关死亡的游戏。另外,这是儿童尝试同化他们不能理解的经验的合理方式。教师可以在班级阅读角投放一些死亡主题的绘本。实际上,对教师来说,用讲绘本的方式来追踪孩子们关于宠物之死的讨论通常很有效。其中一个经典的绘本是玛格丽特·怀兹·布朗的《死去的鸟》(*The Dead Bird*)。教师在给班里另买一条金鱼之前也应该稍等一段时间,因为孩子们需要一些时间来继续讨论金鱼消失的问题。有些孩子可能很快就会失去兴趣,但另一些孩子可能会兴致勃勃地讨论几个星期。

弄清为什么个别幼儿在其他人已经停止讨论金鱼之死后,仍然对这个话题感兴趣,往往很有意思。告诉那些继续提问的幼儿一句简单的话,以说明允许他们继续提问,比如"哎呀,你还是非常好奇并思考金鱼为什么会死,我想我们需要就此进行更多的讨论"。幼儿提出这些问题,可能是因为他们近期经历了宠物或亲人的死亡,或者身边有垂死的亲人;也可能是因为金鱼之死强化了他们自身的分离焦虑问题。教师需要传递给这些幼儿的重要信息是,继续讨论没关系,并且可以跟教师一起讨论问题。少数幼儿可能会着迷地重复提问1个月或更久。对于这些孩子,跟他们说这些很重要:"你还在思考金鱼的死,这已经发生很长一段时间了,我想你是否还有其他没有问的问题?或者你是否有其他在思考或者担心的问题?"一些幼儿可能会认为是金鱼缸中的水质不好

导致了它的死亡。另一些幼儿可能会认为也许是他们做了什么事导致水质变坏。除非幼儿能清晰地表达他们的问题或担忧,否则我们可能不会知道这些。因此,同样重要的是,确保与幼儿沟通时,即使这件事已经发生了很久,我们也对他们的想法和问题感兴趣。

讨论亲属的死亡

讨论班级宠物的死可能会让成人感到不适,那么当需要讨论幼儿濒死或已经死去的亲人时,他们会感到更加不适。很多时候,当幼儿讨论或在游戏中表演死亡的概念时,他们并不是要同化亲人的死。当幼儿经历家庭成员的死亡时,成人经常不知道该对幼儿说什么以及如何说。他们也不知道是否应该提前告知孩子某位亲人的濒死状态。

典型的例子是,幼儿最有可能经历祖父母和外祖父母的死亡。有些幼儿要面对父母的死亡,而另一些幼儿不得不处理父母的意外死亡。所有这些孩子都需要得到一份亲人死亡的解释。虽然每种失去亲人的经历都是不同的,但与这些孩子谈话时仍然有可以遵循的一般原则。

谈论死亡时要诚实　首先,一贯坦诚地面对幼儿是必不可少的。他们需要知道足够的信息,以便能够提问、体验和表达他们的感受;但是,不用幼儿不理解的细节来打击他们

也很重要。例如,母亲可能会说:"奶奶(外婆)今天去世了。你知道,她已经得癌症很久了,医生对此也无能为力。大人们都感到很伤心,我们会一直思念奶奶(外婆)的。我知道你也会感到伤心。关于奶奶(外婆)的死,你可能有许多问题,你需要知道你可以一直提问,即使你觉得妈妈谈论这件事时实在太悲伤了。"在这个例子中,妈妈告诉了幼儿必要的信息,即她的奶奶(外婆)死于癌症,她的死会让爱她的人感到伤心并思念她。幼儿也得到了保证,即她提出的任何问题都会得到解答。

给儿童提问的机会 成人还需要为儿童的提问提供开端。例如,当告知儿童祖父母的死讯时,父母可能会说:"你可能想知道为什么医生治不好奶奶(外婆)的病。"最终,告知儿童的信息必须以发展适宜性的方式来传达,并且要尽可能具体,因为这一时期的儿童就是以具体形象的方式来认知世界的。例如,如果儿童问:"我能跟奶奶(外婆)说话吗?"成人需要回答:"人死了,身体就不再工作了,心脏也不再跳动了,大脑也不能思考了。但是你能在脑海中想着奶奶(外婆),想着你希望跟她说的话。"当成人与儿童谈论死亡时,成人还需要记得儿童思维的自我中心性。他们经常担心,自己所思、所想或所做的一些事会导致坏事的发生。他们可能不会直接问,所以成人需要观察儿童,以判断这是不

是他们所担心的。有时,如果儿童比平时更多地试探底线,或者不断地问为什么奶奶(外婆)死了,那么他(她)可能想要问——是不是他(她)导致了奶奶(外婆)的死。这时,成人就需要向儿童解释,例如可以说:"你知道,奶奶(外婆)去世是因为奶奶(外婆)的生命走到尽头了。她活了很长的一生,也非常爱你。你并没有做任何导致奶奶(外婆)死的事情。"儿童需要多次听到这样的安慰才能安心。

许多家长可能会问,是否应该带孩子到医院看望临终的亲戚。这样做最大的好处就是给予儿童说再见的机会。不好的是,如果这位亲戚正在输液或者身上连着各种医疗器械,儿童可能会变得很担心。因此,让儿童对他们可能看到的场景有所准备就十分重要。像这样对儿童说,可能会很有用:"奶奶(外婆)的手臂上插着一根导管,这是为了把药输进她的身体,这样奶奶(外婆)才不会疼。可能奶奶(外婆)的嘴里也有导管,这是为了帮助她呼吸。你也可能会听到这些机器的嘟嘟声。即使奶奶(外婆)身上连着各种机器,她也是很高兴见到你的。我们只待一小会儿,因为奶奶(外婆)累了,但是对于在医院里看到的,你都可以提问,这没问题。你也可以在我们回到家之后问更多的问题,并且我需要知道你都有什么问题。"家长可以自行决定是否带孩子去医院。如果决定去,那么家长就需要准备好回答孩子的问题,记住,孩子有这些问题是很正常的事,并且记得到医院看望病人的目的是去告别。

父母之死

对成人来说,和孩子谈论父母一方的死更有挑战性。如果是幸存的一方与孩子交谈,那么他(她)正处于应对自己的悲痛情绪之时,也许不能总陪在孩子身边、回答孩子的问题或安慰孩子。如果父母一方是长期患病后去世的,那么应该帮助孩子来预测死亡。成人可以跟孩子这样说:"妈妈的癌症在不断恶化,吃药也治不好了。医生说她可能快要死了。"儿童可能会问:"妈妈什么时候会死?"成人需要回答:"我真的不知道,但是日子快到了的时候我会告诉你的。现在重要的是花时间和妈妈在一起,医生也会保证她舒舒服服的。"成人也需要向孩子表达自己的悲痛和绝望:"自从你妈妈去世后,我一直感到非常伤心和忧虑。我知道我已经哭了有一阵子了,你可能也担心我是不是有事儿。"这样说就足够了,接下来就是等孩子提问题。家长也需要解释他们多变的情绪,尤其是在悲痛过程中流露出来的愤怒。儿童经常会误解幸存的父母一方的愤怒或悲伤,他们认为这都是针对他们的。父母需要跟孩子解释:"我想自从爸爸死后,我也表现得相当愤怒,这是因为我认为爸爸死了很不公平,我不想让他死,但

是我什么也做不了。"另外，知道妈妈生气不是因为他们，孩子会感到如释重负，也会感到他们可以问为什么她不能阻止爸爸的死亡。如果幸存的一方父母能够反映出悲痛中蕴含的复杂情感，那么儿童就能够开始理解他（她）的情绪反应。

最后，失去一方父母的孩子，会担心健在的一方是会好起来，还是也会去世。儿童可能不会问这样的问题，所以通常父母需要对孩子说："你可能担心我也会像爸爸那样生病，但是医生告诉我，我的身体很健康，我也会好好锻炼并保持健康，这样才能照顾你。"一些孩子会坚持想知道如果健在的一方也去世了，谁来照顾他们，这时，父母就需要向孩子描述未来的安排。所有的这些在丧偶期间都极其困难，但是父母与孩子谈论这个过程的意愿，就能带来相互的疗愈。

父母猝死　如果一个孩子的父亲或母亲突然去世，这样的悲剧是无法预测的，而且每一个人都会对这个悲剧有感触和反应。显然，言语不能让死去的父母起死回生，但是这却给予孩子一些方法，让其理解到底发生了什么。对孩子来说，听到成人对此多么震惊和悲伤是很有用的。一个突然丧偶的成人尚且需要时间来缓解事情带来的冲击。因此，儿童生活中的其他重要他人最初可能需要陪孩子多说说话，并且应该能随时回答他（她）的问题。突然失去父母的孩子和父母久病后去世的孩子有着同样的感受，只是前者可能会对谁来照顾他（她）感到更加焦虑。不同于其他成人安慰孩子——大人和他（她）的悲痛将会很快过去，可能直到健在的父母从悲痛中恢复，才能真正平息孩子的担忧。成人也可以通过照片和日记来帮助孩子建立和保持对已故父母的回忆。这些具体的提示物，虽然有时看来让人很痛苦，但对拥有的每个人来说都是特别重要的。

讨论父母的自杀

一般来说，孩子的一方父母是死于事故或突发疾病的，但有时却是死于自杀。通常，父母和孩子谈论生病导致的死亡时会感到不舒服，但是他们觉得必须保护孩子不让他们知道另一方的自杀。即使真的发生了自杀，而孩子被成人以其他理由搪塞，儿童也确实需要知道他们的父母是怎么死的，否则他们会觉得这是一个不能被他们知道的秘密，因此他们将无法提问，也不能理解幸存父母的内疚和愤怒。像其他复杂的概念一样，自杀可以通过敏感的、发展适宜性的方式描述给儿童，这样他们能尝试理解父母死亡的原因，并且提出他们迫切需要知道的问题。面对父亲的自杀，一个4岁的女孩对学校里的一位朋友说："我妈妈说自杀就是你不想再活下去了，我爸爸为什么不想再要我了呢？"设想如果这个女孩没有被告知关于父亲死亡的适当信息，并且她也不能提问

如此重要的问题。当成人跟孩子谈论自杀时,重要的是强调它经常发生于医生也无法治愈的精神疾病。孩子需要知道父母是怎么死的,但是他们不需要知道过多的细节,足够他们提问以及让我们知道他们在想什么即可。例如:"爸爸最近一直很悲伤,巨大的悲伤感就像得了重病一样,他努力配合医生想要得到好转,但怎么都没有效果。他的悲伤如此强烈,以至于他不想活下去了,然后他把绳子缠绕在脖子上,拉紧,直到无法呼吸,就这样,他杀了他自己,这就叫作自杀。对此,你可能会有很多问题,让我知道你的问题很重要。即便对大人来说,理解爸爸为什么这样做也要经历一段艰难的时光。但是记住,爸爸这样做不是因为你做了什么或说了什么,这一点非常重要。他这样做是因为他的大脑病得很严重。"对于孩子开始理解父亲的死亡来说,这样的解释就足够详细,也足够简单。因为这样悲痛的损失需要儿童在每个发展阶段反复不断地理解和同化,所以从一开始就告诉孩子恰当的信息至关重要。

教师的作用

在帮助儿童讨论死亡方面,幼儿园或日托中心的教师能够发挥什么作用呢?他们是一群孩子玩死亡游戏或聚在一起谈话时的观察者,其中一个孩子说:"我妈妈说奶奶(外婆)

快要死了。"他们需要了解小组内不同儿童的发展水平,以及可能会激发或推动儿童游戏、提问、评论的独特生活环境。当观察儿童游戏或倾听儿童关于死亡的提问或讨论时,他们需要进行家园合作。让我们回忆一下发生在日托中心的那个4岁组儿童户外游戏的例子:莉比假装死了,其他的儿童正组织对她的抢救。还记得埃里克坐在秋千上非常紧张地看着这场游戏,并高声呼喊教师:"老师,老师,快来,莉比死了!"然后,他又自言自语:"莉比不是真的死了。她只是在玩假装游戏。"

这个游戏清楚地表明这些儿童正在思考死亡,虽然他们的想法隐藏在典型的追逐游戏中,但是他们正努力理解医生在护理一个垂死病人中的作用、死亡时的身体表征以及对死亡的情感反应。参与这个游戏的儿童近期都没有经历过亲人的离世。但是,埃里克,那个在远处焦虑地观望的男孩,却刚刚经历了奶奶(外婆)的过世。教师注意到了这些,当观察到埃里克对这个游戏的焦虑反应时,教师可以跟他谈谈关于奶奶(外婆)的事,他也能得到"莉比真的没事儿"的安慰。

家园合作

当教师观察儿童思考或玩死亡游戏时,他们需要对儿童的兴趣进行反馈,就像他们通常做的那样。教师致力于帮助

儿童思考怎样提高他们的游戏水平，也试图通过找到合适的书籍或回答儿童的问题，来扩展他们对某一主题的了解程度。如果小组内某名儿童正面临即将或刚刚失去亲人的情况，那么教师就需要与家长紧密合作，以了解孩子已经被告知了哪些信息，以及信息的拓展方式。家长经常会依赖教师来帮助他们安排如何告诉孩子亲人死亡的消息。许多时候，教师需要对此进行慢慢的引导。家长通常希望含糊其词，并且保护孩子免受精神折磨或在困惑和复杂的概念中挣扎。家长也可能会因自己的悲痛而反应过度，以至于不知道该对孩子说什么、怎么说。于是，他们向教师寻求帮助。教师和家长需要合作，共同决定怎么与幼儿园的其他孩子及其家长分享这个消息。一般情况下，教师会向每个孩子家里寄一封信，里面写着发生了什么事，并简要说明已经在幼儿园里讨论过的信息。

许多教师和家长都想知道，当小组在讨论死亡时，经历过亲人离世的儿童是否应该在场。通常，在亲人离世之后儿童会暂时离开学校一阵，所以，教师就需要向其他儿童解释这个孩子请假的原因。因此，在孩子们最初的讨论期间，这个经历亲人离世的孩子很可能不在场。当孩子返校时，我们需要接纳他（她）的回归。教师可以这样说："非常高兴再见到你。我知道这对你和你的家人来说都十分不易，所爱之人去世的确是很悲伤的时刻。"教师可能也需要帮助其他儿童表达见到他（她）回归学校是多么高兴。有时当和孩子们在一起时，教师也可以代表他们说："我知道萨拉很想你，也很担心你，她对你奶奶（外婆）的去世感到很悲伤。我知道你回来她很高兴。"这样说为儿童做出了示范。这种示范表明，与经历过亲人死亡的人谈话就像其他表达共情的谈话一样；另外，这也给幼儿提供了一些谈话时恰当的词语。如果小组谈话里出现了死亡的话题，那么教师需要确认经历过亲人死亡的幼儿是否能接受小组讨论。教师可以这样说："如果我们现在讨论这个话题，你介意吗？"如果儿童介意，那么教师就需要另找时机与提出这个话题的孩子讨论。

因此，教师需要观察、倾听且愿意谈论儿童提出的关于死亡的问题。当儿童提出问题时，教师需要积极地与家长交流以描述儿童所说的话，并且支持家长与孩子讨论死亡。教师可能会遇到一些来自家长的阻力。理解并克服这种阻力很重要，但指导和支持家长也很重要。

小　结

本章探讨了儿童天生是如何思考死亡以及玩与死亡相关的游戏的。儿童死亡观的发展受限于其认知能力。他们对死亡非常好奇，这份好奇就像他们想知道为什么天上有云，或

者为什么夜空中有星星闪烁一样。如果成人能以舒适且信息丰富的方式回答儿童的问题,那么他们就会继续提问和谈论死亡。就儿童提出的所有问题来说,成人不需要立刻回答,可以告诉孩子他们的问题很难,成人也需要时间好好思考才能回答。通常成人需要带着答案回复儿童。最后,成人需要倾听儿童在说什么,并且试着将儿童的话与他们近期的经历以及特别的担忧或恐惧相联结。如果儿童感觉成人在认真倾听,那么他们将会津津乐道。

第六章

"我认为关于鲸鱼的法律是正确的。"
——如何帮助儿童表达和扩展他们对世界的认知

儿童的批判性思维

发展适宜性学前课堂的首要目标是鼓励儿童成为积极的学习者(Piaget, 1952; Vygotsky, 1962)及具有反思性(Dewey, 1933)和批判性的思考者(Wertheimer, 1945)。儿童需要成人的帮助以进行思索、研究事实、比较答案、评估结果,然后准备提出下一发展水平的问题。不幸的是,许多成功的学生从未被教导要批判性地思考(Brooks & Brooks, 1993)。

当儿童对他们周围的世界感兴趣时,好的教师就会发挥促进者和指引者的作用。她不会立刻回答儿童的问题。她会采用建构主义取向(Piaget, 1952; Vygotsky, 1962)来思考儿童的学习。这种取向强调,当积极主动地学习并寻求答案,而非被动地听教师讲解时,儿童的学习效果最好。当儿童开拓理念、发展新观点时,教师应鼓励儿童进行反思与创造，并且评估他们收集到的证据。维果茨基（1962）的理论强调了社会环境对学习的重要性。当成人参与儿童的学习时，他（她）会根据儿童能力的不同，使用支架来调整他（她）所提供的支持水平。这种程度的支持能帮助儿童达到更高的技能水平。当儿童有一些不理解的概念时，他们的好奇心就被点燃了。教师可以成为辅助者，或成为更有理性、逻辑性和条理性的人。当成人扮演支架的角色时，由此产生的对话对发展儿童的概念性知识十分重要（Tappen，1998）。维果茨基（1962）将儿童的最近发展区描述为：对于一系列的观点或问题，儿童自己无法理解或解决，但在成人的帮助下，他们能够掌握。为了帮助儿童发展到知识和技能的更高水平，教师必须观察儿童现有的技能水平，以便向他们提供必要的支持。因此，当教师向儿童提供恰当的支架时，他们的观念会得到发展，技能也会达到更高的水平。撒普和吉尔摩（Tharp & Gillmore，1988）发现，在儿童参与的课堂中，如果教师提问并鼓励幼儿尝试以自己的想法来构建自己的概念图式，那么，这些孩子会具有更集中的专注力和更高水平的阅读技能。

韦尔曼和格尔曼（Wellman & Gelman，1992）假设幼儿对世界的认知有3种主要的理论。他们有一套心理理论（朴素心理学）、一套物质世界的理论（朴素物理学），还有一套生物理论(朴素生物学)。韦尔曼和格尔曼提出,在幼儿生命的最初几年,这些理论会逐渐变得复杂。3岁时,幼儿能理解自己和他人都有内在的心理状态、人有内在的信仰,以及人的需求和愿望能够与其行为相联结(Wellman & Gelman, 1992)。凯尔(Keil, 1989)发现,3—4岁的幼儿具有基本的生物学概念,这些包括理解动植物的生长发育、能够孕育后代、能够遗传父辈的性状或特征。斯皮克(Spelke, 1988)的研究证明,婴儿对物质世界有相当多的了解。他们具有客体永久性,了解物体的运动,并且能够理解与其相关的空间概

凯特琳,4岁,《沙鼠》

念。因此，当幼儿3岁进入幼儿园时，他们对自己世界的了解已经相当多了。此时，课堂就成为一个帮助他们深化和精练知识的场所。

☐ 班级会议

走进四五岁幼儿的课堂，他们聚集在教室里一块很大的地毯上开晨会。一些孩子坐在教师的腿上，一些孩子坐在小木凳上，还有一些孩子盘腿坐在地毯上。他们已经讨论过天气，并在日历上做了标注。那天是开学后的第32天，所以他们在略低于天花板的位置上贴了数字"32"，到学期末，数字卡将贴满教室四周。今天，孩子们两人一组从"1"数到了"32"。现在，教师正在问孩子们有没有要分享的事，有几个孩子举手了，教师叫到了内尔。

内尔：我认为关于鲸鱼的法律是正确的。我们不应该捕杀鲸鱼，因为它们是很重要的海洋生物。

教师：是的，内尔。你很关心动物。

内尔：昨晚，我们看了一部关于马戏团的电影，电影光碟是爸爸从图书馆借来的，它让我有了做一个纸上马戏团的想法。首先，我们准备了纸、蜡笔、海报，由爸爸和我画。我画了一个儿子，查利画了一只大象，我们把它们挂在了帐篷顶

第六章 "我认为关于鲸鱼的法律是正确的。" / 115

上。但是我们还没完成,因为太晚了,没时间画其他动物了。

教师:你可以在这儿画更多的动物,然后把它们带回家。

扎克:内尔,我以为你在讨论鲸鱼,但这之后你又谈到了马戏团。

教师:她分享了两条信息。有时当你在讲话的时候,会想起其他想分享的事。为什么鲸鱼如此重要?为什么呢,内尔?

内尔:嗯,这就好比恐龙生活的时代,因为鲸鱼像恐龙一样大,这让人们想起那些他们不想忘记的时代。

教师:还因为什么呢?

内尔:它们又温顺,又活泼。

教师:我们怎么知道鲸鱼很温顺呢?

内尔:因为活泼的动物都很温顺。

教师:你怎么知道呢?

内尔:鲸鱼和海豚都既温顺又活泼,但是海龟不活泼却也很温顺。

教师:你是怎么发现鲸鱼既温顺又活泼的呢?

内尔:也许鲸鱼是海象和海豚交配生的孩子。也许当虎鲸攻击企鹅时,鲸鱼会阻止它。介绍海豚的磁带上说鲸鱼既温顺又活泼。

教师:你是从磁带上听到的,那还有其他什么原因能说明鲸鱼是温顺的吗?

扎克：我们还看过一场鲸鱼表演。

雷切尔：过去有很多鲸鱼，现在数量不多了。

教师：你怎么知道动物什么时候不温顺呢？

雷切尔：我们邻居的狗就很不友善，它经常会吵到我们。

教师：你是怎么知道的呢？

雷切尔：它冲我们叫，还试图扑向我们。

教师：是的，你注意到了动物发出的信号，例如狗叫或扑向你。人们密切关注鲸鱼发出的信号并发现它们很温顺。

雷切尔：有一次我们到佛罗里达看奶奶（外婆），我们看了一场表演，有一个女人站在虎鲸的鼻子上。

内尔：我曾在我的一盘磁带上听说，虎鲸还有一个问题。它们跳出水面时没问题，但入水时就不好了，因为会溅起很大的水花。

教师：这为什么会有问题呢？

内尔：嗯，它可能会溅到你的脸上，因为海水很咸，它可能会进到眼睛里。

教师：你觉得小孩子会在鲸鱼出没的海域游泳吗？

内尔：也许不会太靠近鲨鱼，但可能会有鲸鱼或海豚。

教师：根据我们的了解，鲸鱼会在什么样的水里游？

萨拉：咸水。

教师：还有呢？

扎克：深海。

教师：对了，通常人们不会在深海游泳。

雷切尔：鲨鱼和海豚不会靠近海岸，因为如果那样，它们就会搁浅而死。

内尔：我知道哪种海洋生物能靠近海岸——蛤蚌，它们随海浪而来，你可以把手伸进水里挖蛤蚌。

萨拉：我想我们刚才讨论的是鲸鱼如何温顺，而不是海洋生物。当虎鲸看到船时可能会变得不友好，因为它们会认为船是来捕杀它们的。它们不知道船上有好人，所以会扬起尾巴把船撞沉。

教师：的确，有一些想法动物是没有的，正是这一点让人类很特别。动物与人类非常不同——我们必须研究、观察、倾听，并且从它们身上寻找线索，而动物就没有这样的想法。

晨会——讨论和思考的时间

虽然在这场激烈的讨论中，并不是小组里所有的孩子都发表了评论，但除极个别孩子稍显焦躁不安外，大家都能聚精会神地参与讨论。最后，他们在拟出一个更深入研究鲸鱼的计划后结束了这次晨会。第二天的晨会上，孩子们列出了一些在鲸鱼的研究中，他们想要调查的问题。

观察这类班级晨会一周，我们很容易就能了解到，这项常规的班级活动能给我们提供很多了解儿童认知、情感和经验世界的窗口。从这些讨论中可以看出，儿童在积极地进行信息的建构、转换和管理。

晨会在课程中的作用

晨会的形式和时间长短取决于儿童的发展水平和教师的课程计划，教师在晨会中的作用也因此不同。晨会能在课程中发挥核心作用，能帮助班级形成团体，也能让儿童和教师有机会分享各自的观点和想法。儿童对晨会的评论很能说明问题："在晨会上，大家无话不谈。晨会非常重要，我们学到了很多东西。"晨会让儿童有机会思考和扩展他们对世界的看法，也让教师们有机会去了解儿童是怎样的、他们是如何思考的以及他们在想什么。回想第一个例子和围绕鲸鱼的讨论，我们能直观地看出扎克和内尔看待世界的方式有所不同——扎克似乎喜欢一次只专注于一个方面的内容，而内尔可能会受其他想法的影响而分心。教师很好地处理了扎克对内尔谈话风格的评论。虽然她承认有些想法会让人想到其他观点，并且确证了内尔的谈话风格，但她还是通过返回并扩展对鲸鱼的讨论，确证了扎克的思维方式。这种评论允许儿童发表个人观点，并让他们看出自己的观点可能与众不同。总之，这让儿童感到他们的想法和观点会被接受并得到讨论。他们亲眼看到,当谈论和分享自己的想法时,无论在谈话的内容还是关系上,他们都会得到反馈。

晨会的形式 教师们一般会安排每天在同一时间开会。通常,会议在早上孩子入园和一段自由活动后举行。根据孩子的年龄、专注力、当天谈话参与度及话题的不同,会议可持续5~30分钟。会议最好从一个可预测的事件开始,大多数情况下,孩子和教师会使用日历来讨论日期、月份、当下的季节和天气。教师们经常利用这个时机非正式地教授一些数学概念,比如计算幼儿入园天数、绘制本月的天气变化图、数一数当天入园或缺勤的幼儿人数以及本周的剩余天数。当孩子们数数的时候,他们可以单独数、5人一组或10人一组地数,也可以任意规定一组的人数。教师可以选择将话题聚焦于某些主题(如多于、少于或等于以及加减法),也可以利用讨论来帮助幼儿观察天气,并提出关于雨、雷暴、暴风雪、飓风等成因的问题。教师还可以向幼儿介绍科学探究的过程,鼓励幼儿提问、观察、提出假设、验证假设并得出结论。

拓展思路 当幼儿在晨会中讨论天气时,教师可以鼓励他们参与科学探究的过程,但也可以帮助他们讨论已经探究过的其他话题。看看以下关于蜂巢的晨会讨论。

教师：蜂巢是什么？

雷切尔：蜂巢可以是纸做的，也可以是另一种带树皮的蜂巢。纸做的就叫纸蜂箱，很轻，上面有洞，那是蜜蜂产卵的地方。

教师：你说它们用树皮做蜂巢。那它们是怎么得到树皮的？

特德：蜜蜂可以牢牢地抓住树皮。它们必须把树皮磨碎。

教师：是的，它们必须把树皮磨碎。好，它们是怎么磨的？

特德：它们在树上挖一个洞，然后磨出木屑。

教师：它们是怎么做到的？

特德：用它们的身体。

教师：是的，它们用身体，用身体的哪个部位呢？

埃文：它们的嘴钻进一块木头，然后开始咬。它们从那儿挖进去，挖出一个大蜂巢。

扎克：它们有锋利的下颚，它们用四颗非常小但锋利的牙齿磨碎树皮。

教师：它们建造蜂巢全用树皮吗？

特德：不是。

教师：它们还用什么？

特德：树叶、楮皮纸。

教师：它们还用自然界里的其他什么东西？

扎克：草。

教师：是的，用草，很多草。它们用牙把草磨碎再吐出来，然后一层一层地把草铺起来。那它们为什么钻洞呢？

3名幼儿齐声道：用来产卵啊。

扎克：不是的，工蜂不负责产卵，而是蜂王把卵产在蜂巢的洞里。这些洞也不只是供幼虫成长用的，它们还可以盛放蜂蜜。另外，并不是说蜜蜂叮人或动物一下，它们就死了。如果叮咬时毒刺卡住了，它们就会死；但如果毒刺滑进去又出来，毒囊没有掉下来，它们就不会死。

彼得：人被蜜蜂蜇会中毒吗？

教师：你觉得呢？扎克。

扎克：只会有一点点中毒。

教师：但还不足以对人造成很大的伤害。有些人会受伤并鼓个红色的包。

教师看见埃米莉举手了。在晨会的早些时候她曾想说点什么，但当轮到她的时候，她却不想说了。

教师：埃米莉，你想起要分享什么了吗？

埃米莉：是的。

教师：说下去，向大家分享你的信息。

埃米莉：我最近过得很糟糕。

教师：埃米莉，你能说这些我真为你自豪。

埃米莉：我想让大家帮助我好起来。

教师：是的，我们确实需要互相帮助。每隔一段时间，我们所有人都需要通过帮助来记住规则。埃米莉，你度过了一个美好的早晨，昨天过得也很好。我们需要互相帮助来记住这些规则。

教师在这次晨会上定下了基调：在小组中表达自己的观点和感受是被接纳的，也是安全的。我们可以清楚地看到，教师在关于蜜蜂的讨论中，分别扮演了倾听者、反馈者和信息的拓展者，她始终都在引导儿童表达自己的观点。教师会提出问题，例如：你认为呢？为什么？你看到了什么？你觉得接下来会发生什么？这可以鼓励儿童认真思考他们在自然界所做的观察、读过的书以及自身对事物的反应。当埃米莉想要分享她的观点，但并非关于蜜蜂时，教师很支持并认真地听她说话。教师的这种反应肯定会鼓励埃米莉为晨会做出更多的贡献。如果教师说"埃米莉，我们现在正在讨论蜜蜂"，那么埃米莉很可能会感到尴尬和羞愧。相反，她感觉到自己是一个互相关心、互相帮助的团体中的一员，同时她感觉到足够安全才会说出她担心日子过得很糟糕。（最近她有些攻击性并且不愿与他人合作。)有时儿童需要先表达出自己的担忧,之后才能参与讨论其他内容。因此,很明显,当教师围绕晨会来规划课程时,他们需要围绕儿童表达的问题和观点进行建构。教师也需要听儿童的对话,并时刻注意他们的想法。教师可能会听见儿童争论某件事,那么她就可以对他们说:"让我们在晨会上讨论它吧。"甚至,在接下来的一天里,教师也会让儿童参与到他们正在做的事情的讨论中。教师通常可以这样说:"给我讲讲你搭的积木吧"或者"给我说说你的画吧"。一旦儿童回应了,教师就能适当调整谈话内容,以便儿童分享他们的观点和想法。正是儿童的观点和想法构成了晨会的内容。

教师的作用 一旦晨会的高结构化部分结束了,剩下的就是一般谈话时间。此外,这类谈话的主题很多样化。在一些班级里,每次会议会有2~3名不同的儿童分享观点、想法或者提问。有时,由于儿童不能安静地坐着听,会议需要提前结束;有时,又由于儿童非常积极地参与谈话,会议需要延长。教师需要灵活的工作日程,以保证会议能持续它所需要的时间。教师的作用因小组中儿童发展水平的不同而有所不同。不管儿童年龄多大,教师总是儿童的榜样。他(她)的工作是提出开放式问题,鼓励儿童展开讨论并提出更多的问题。教师通常要确保儿童在积极地思考和进行概念建构,并确保谈话总是与儿童的兴趣和活动有机地联系在一起。教师是倾听者、反馈者和观点的拓展者。他（她）维持着儿童对谈话主题的兴奋和好奇。对于年龄较小的儿童，教师可能需要首先提出问题或介绍谈话的主题。年龄大的儿童通常能够自主地提出和回答问题。

晨会的规则　学期初，教师就会确定会议规则。有时，他们甚至会将规则写下来并贴在会议区。教师经常将晨会定义为一段孩子们可以聚在一起分享他们想说的话的时间。最主要的规则就是儿童需要坐下来，如果想发言时需要举手，并且当其他儿童说话时要等待和倾听。儿童很难长时间坐着，这时教师就可以对他们说："你能坐在这儿吗？还是让我给你选个位子？"如果教师能信任儿童的决定，那么儿童最终就发展了静坐和为晨会做贡献的能力。

发展适宜性晨会　一般来说，如果班级是混龄制且规模大于20人，那么将晨会人员分成2组就是个好主意，这样年龄小的和较大的儿童能分属2组。低龄组的晨会更倾向于以教师为中心，经常由教师介绍谈话的主题。它的目标是让低龄幼儿接受会议艺术的训练。重要的是他们开始坐在一个小组里进行讨论。教师可能会问一个简单的问题，例如："你喜欢下雨天吗？"请看以下3岁组幼儿的一些回答。

"喜欢，因为我能踩泥坑。"

"我喜欢用我的舌头接雨滴。"

"我喜欢脱掉袜子，用我的鞋在水坑里溅出水花。"

"不喜欢，因为雨水常常会把我淋湿。"

"我不喜欢把我的裤袜弄湿。"

很明显可以看出，这组幼儿已经拥有关于雨天的清晰的观点，并且能够将其表达出来。因为这些孩子年龄小，他们通常不停留在一个话题上，所以有的孩子可能会说一些关于雪的事情，而不是关于雨的。教师这样说是没有用的："我们现在讨论的不是雪。"相反，教师可以说："对于雪，你有一些有趣的想法，等我们讨论完雨之后再来讨论雪吧。"这条关于雪的评论可能会引发一场关于天气及雨、雪不同存在条件的谈话。通过这条评论，教师委婉地告诉了幼儿专注于一个话题的重要性，但同时也承认了幼儿的观点同样重要，这样他（她）以后就会继续表达他（她）的想法。低龄幼儿喜欢讨论一些与他们有联系的话题，例如："你有泰迪熊吗？""你家里都有谁？""你的房间里有什么？""你最喜欢的玩具是什么？""你有宠物吗？"

对于大龄儿童来说，他们已经在教师的帮助下接受过会议艺术的训练，所以，他们可以通过谈话学到多种多样的概念。谈话可能会持续数周或只有一次,这取决于儿童特定的兴趣。教师需要预判儿童的兴趣,并且计划后续的学习活动。请看以下节选自一次晨会的讨论。

教师:谁有事要分享?皮特?

皮特:我哥哥布赖恩给了我这块水晶。它这里很锋利。

雷切尔:这块盐晶戏弄了我们的爸爸。

教师:为什么呢?

雷切尔:他以为这是真的水晶,但它并不是。

教师:什么样的水晶是真水晶呢?

内尔:大多数时候都好辨认。

教师:它们和岩石不一样吗?

雷切尔:是的,水晶是在岩石里发现的。

内尔:有时火山爆发也能产生水晶。

温妮:水晶是怎么进到岩石里的呢?你能任意把岩石砸开从里面找到水晶吗?

雷切尔:不是,只能从一些特殊的岩石中找到。

扎克:有一次,我砸开了一块石头,发现了一些红色的东西,这是红水晶。还有一次,我把一块石头砸碎了,也发现了一块水晶。

教师:当我们外出的时候就可以研究一些岩石,看看是不是所有的岩石里都有水晶。我们可以用锤子。

扎克：是的，还需要护目镜，以及那个蓝色的工具把岩石压紧固定。

从这段谈话中可以清楚地看出，儿童已经拥有了一些关于岩石和水晶的知识。教师提出了一些引导性问题，以帮助儿童更加详细地掌握关于岩石的知识。她也在谈话中提及——关于岩石，他们还有更多可以了解的内容。她很精通这个话题，但她并没有告知儿童她知道的所有信息，而是激发他们的兴趣，并促使他们通过观察和学习找到更多关于岩石和水晶的知识。儿童将会自己进行观察，同时教师也会帮助他们对观察和发现进行描述。

小　　结

在本章的结尾要记得，儿童并不一定要在学校的晨会上讨论和发展他们关于世界的概念性知识，这一点很重要。他们经常提问，也永怀好奇心。对这些问题的讨论也会发生在小群体内，在家里与父亲或母亲一起，或者在学校里单独和教师一起。儿童的兴趣很广泛，他们可能对那些成人以为他们完全不了解的领域产生兴趣。成人可以经常对儿童说："我对此一点都不了解,但是我们可以一起来探究。"儿童一般也不需要立刻得到问题的答案。成人也可以对他们说:"你觉得如何?为什么?"通过这样的方式,儿童能够学会做出假设。有些儿童可能会坚持说他们不知道,或者给出完全错误的回答。这时,成人可以说:"这是个很有趣的回答,我们一起到图书馆去查查书,或许能找到答案。"这些谈话的目标都是为了鼓励儿童进行反思性和批判性思考。

第七章

"我会恨那个孩子一辈子。"
——帮助幼儿讨论兄弟姐妹和分娩

乔纳森4岁了,他的妈妈快要生孩子了。虽然乔纳森刚刚知道妈妈怀孕的事,但妈妈挺起的肚子越来越明显。妈妈比平时更累了,另外对乔纳森来说,坐在妈妈的膝盖上越来越不舒服了。这个"宝宝"似乎总是碍事。虽然乔纳森是一个典型的4岁男孩——充满攻击性并经常挑战底线,但最近他似乎把所有的兴趣都放在妈妈身上,他变得格外好斗、浑身是刺。一天晚上,当乔纳森和妈妈准备外出的时候,他拒绝穿鞋。妈妈没法帮他,他就发脾气满地打滚,还把鞋扔到够不着的地方,这样就不用穿了。妈妈试着对他保持耐心、理解和坚定的态度,但一切都无济于事,反而让乔纳森和妈妈都变得越来越沮丧。妈妈对他说:"乔纳森,我真的厌倦了这些争吵。你一天到晚都在跟我对抗,我真的对你很生气,也很失望。"乔纳森在地板上打滚,踢了踢腿,直勾勾地盯着他的妈妈说:"我会恨那个孩子一辈子。"说这话时,乔纳森喘息着并且脸色发白。"我们家迎来一个新生命很不容易,会

有很多改变，你也不必始终都喜欢这个孩子。"当妈妈这样回复时，他似乎立刻放心了。乔纳森迅速穿上鞋子说："我们走吧。"妈妈试着跟他谈论更多关于对那个宝宝的感受，但乔纳森说他不想再听到关于宝宝的事，也不想再问了。不过，随着妈妈孕周的增加，他再一次因自己的矛盾情绪而发牢骚，并问了很多问题。

凯特，4岁，《兔子和宝宝》

幼儿与新生同胞

弟弟或妹妹的出生会引发学龄前儿童的许多问题、情绪和担忧。儿童需要在成人的帮助下进行表达。很多时候,这些问题、情绪及担忧会以像乔纳森这样持续抗争的行为方式表达出来。成人通常不得不扮演侦探的角色,以判断儿童想通过他们的行为表达什么。另外,儿童的行为也不完全是他们对新生命诞生感受的表达。虽然我们可以假设,儿童某些难以相处的行为与他们对新生婴儿的矛盾情绪有关,但也并不完全如此。当妈妈怀宝宝时,幼儿主要有两大问题:①新生命的到来对幼儿和他在家里的地位意味着什么?②(最令成人头疼的是,幼儿想知道)宝宝是从哪里来的?

□ 幼儿对成为哥哥(姐姐)的感受

幼儿对即将成为哥哥(姐姐)的想法有着复杂的感受和反应。幼儿对这件事感到生气和嫉妒很正常,但他们也会感到爱和兴奋。他们看到父母的兴奋和爱意,使得他们也想去模仿父母。幼儿也会因自己长大了,而且足以帮助照顾宝宝而感到兴奋,同时他们也会感受到变得越来越独立自主的那份激动。当一个无助的小宝宝走进他们的生活时,如果他们

是老大，幼儿可能会第一次感受到自己的强大和能力。所有的这些感受都伴随着冲突得以表达，这种冲突既有幼儿自身的，也有他们与外部世界的。幼儿正是最需要这种冲突或矛盾情绪来帮助他们表达，由此，周围的成人就能帮助他们讨论它。成人对解决冲突无计可施，因为它是自然发生的，但成人能帮助幼儿认识到这是一种正常的情绪，也能帮助他们把对冲突的一些想法用语言表达出来，这样幼儿就不会感到压力太大。

☐ 关于新生同胞的典型冲突

在面对新生弟弟（妹妹）出生时，幼儿会感受到一些典型冲突，我们对此进行讨论是有好处的，但首先应该了解一些相关文献。正如幼儿在有了新弟弟（妹妹）时所经历的矛盾感受一样，探究兄弟姐妹间关系的研究也反映了这些情绪状态。较多研究表明，兄弟姐妹对儿童的发展有积极的影响和作用。研究发现，兄弟姐妹有助于促进另一方的生理发育，并且能为另一方提供情感支持、习惯培养、建议和指导（Stocker & Dunn，1990）。与模仿同伴相比，弟弟（妹妹）会花更多的时间来模仿哥哥（姐姐）（Azmitia & Hesser，1993）。除了对另一方的积极影响之外，兄弟姐妹也会表现出对另一方的要求和限制（Stocker & Dunn，1990）。许多研究结果表明,兄弟姐妹之间的关系是矛盾的,但通常一些因素会加剧矛盾的负面影响。例如,如果幼儿之间的气质类型不同或冲突,那么他们之间一般会更难相处(Munn & Dunn, 1988)。当父母偏爱一方或对待子女的方式不同时,通常兄弟姐妹间会发生矛盾或导致敌意的增加(Boer, 1990;Brody et al., 1992)。兄弟姐妹间的关系深受家庭情绪氛围的影响,当父母不能和谐相处时,子女之间更容易发生冲突(Hetherington, 1988)。对于弟弟(妹妹)的出生,老大通常会表现出极端的反应。一些幼儿变得要求更多,一些幼儿变得更独立并承担一部分照顾弟弟(妹妹)的责任,还有一些幼儿变得对母亲逐渐疏远(Dunn, 1984)。因此,受家庭情绪氛围、个体气质类型、父母对新生弟弟(妹妹)的反应等因素的影响,幼儿对弟弟(妹妹)的出生会表现出一系列不同的反应。虽然反应不同,但所有的幼儿在面对新生弟弟(妹妹)时都会有相似的矛盾情绪,现在我们就来谈谈这些问题。

矛盾情绪

幼儿在面对弟弟(妹妹)的出生时会有一些矛盾情绪。这些矛盾情绪会随着兄弟姐妹的成长不断地被重新审视。一种矛盾是对弟弟(妹妹)爱恨交加的感觉。当幼儿的爱占主导时,我们无理由地相信——除了对弟弟(妹妹)无条件的

爱之外，幼儿没有其他的感受。但当幼儿对弟弟（妹妹）温柔的拥抱变成紧勒，导致宝宝喘不过气时，我们也很容易从中看到幼儿的矛盾情绪。总之，这个宝宝是幼儿生活的入侵者。一些幼儿对弟弟（妹妹）过于爱护，虽然这在成人看来很好，但情况往往是对弟弟（妹妹）越好的孩子，越在努力不去承认他们矛盾情绪中消极的一面。但这并不能平息幼儿的愤怒，他们也无法在兄弟姐妹间的关系中学会处理自身的矛盾情绪，反而，消极情绪可能会通过其他方式表现出来。一个3岁的女孩埃米，对成为大姐姐非常兴奋。她谈到现在自己如何成为一名大姑娘，以及她会怎样帮助爸爸妈妈照顾宝宝。她对宝宝很细心、友爱，也很温柔。父母认为她是模范姐姐，同时也因不用和埃米的愤怒做斗争而感到如释重负。他们会鼓励埃米"好"的行为。但表现出几周的榜样行为后，埃米开始有点黏人、爱发牢骚。父母因照顾宝宝连续熬夜太累，把一些感冒药忘在了外面，埃米误食了这些药而不得不到医院洗胃。埃米的父母吓坏了，同时也意识到不能期望她是一个完美的姐姐，并且她会对宝宝感到嫉妒、愤怒和烦躁。随着埃米被允许表达一些消极情绪，她对妹妹也不太关心了，甚至有时会说："我希望这个宝宝没有出生。"当听到这句话时，父母会对她说："我们家迎来一个新生命很不容易。"当幼儿与矛盾情绪中的消极一面对抗时，他们通常就会这样做，因为他们不喜欢失去控制的感觉，同时也害怕如果自由地表达愤怒会失去父母的爱。当父母或其他成人表达大多数孩子对有新弟弟（妹妹）的感受时，幼儿往往会感到宽慰。下面的一些观点有助于倾听并允许幼儿正视他们的感受。

"有时候，当婴儿似乎得到了所有的关注时，幼儿会变得很愤怒。"

"当婴儿总是哭个不停时很难熬。"

"我知道当你想要妈妈陪你出去玩但妈妈走不开时，你很不高兴。"

当幼儿听到这些话时，他们就能把自己的一些不愉快的感受用语言表达出来。那个说会恨他弟弟一辈子的乔纳森，在弟弟出生后的几周对他妈妈说："我真的很讨厌你给小宝宝喂奶。"后来，妈妈和他进行了一次谈话，内容是：她要照顾这个宝宝多长时间，当乔纳森还是个小婴儿时她是如何照顾他的，以及他小时候是什么样子的。有一段时间，当妈妈给宝宝喂奶时，乔纳森也想要喝一瓶奶，但他很快就对此失去了兴趣，并且忙于其他事情，以至于没时间坐下来喝完这瓶奶。

关于成长的冲突

面对弟弟（妹妹）的出生，幼儿经历的第二类冲突是，想要长大和仍然想当个小宝宝的冲突。虽然退行是个体发展过程中正常且健康的部分，但当新生儿给父母的照料能力带来巨大压力时，他们会担心老大出现退行现象。急于给老大脱掉尿不湿、抱出婴儿床、换上内衣并放到大床上的父母，在面对老大在弟弟（妹妹）出生不久后又想要返回婴儿床并开始出现如厕事故时，通常会感到担心和焦虑。即使不用面对弟弟（妹妹）的出生，幼儿还是会不断地纠结于这样的想法——是保持新获得的独立性、变得更自主，还是一直当个小婴儿更容易？对幼儿来说，问题在于他们对独立的渴望和恐惧几乎与对依赖的渴望和恐惧一样强烈。他们热爱独立，并为自己掌握的新技能而感到骄傲，但独立可能让他们感到既孤独又害怕，因为它涉及与世界的互动，而这个世界上到处都是更大、更强的人，以及还不能完全理解的客体和观点。他们如此努力要成为独立自主的个体，以至于常常需要退行、恢复信心与活力，然后才能再次出去探索世界。他们也会嫉妒新生儿获得的关注，也可能会认为这个依赖别人的婴儿的生活是他们所渴望的。他们意识到的是，他们不想过于依赖别人，以致失去自己新获得的独立性，但他们最终仍会感到愤怒和沮丧，因为他们无法两者兼得。他们的父母做什么都无法让幼儿感觉不那么矛盾。正是这种愤怒和沮丧导致幼儿行为的退行,以及试探底线和发脾气次数的增多。成人需要帮助幼儿谈论的正是这种冲突,这样他们才能表达自己的困惑与沮丧。

埃米莉,4岁,《我的父亲》

当一个有新生弟弟（妹妹）的学龄前儿童发生如厕事故或要求穿尿不湿时，这样说是没用的："哦，只有小婴儿才穿尿不湿。"这样说也没有用："哦，你不再是个小婴儿了，你也不需要奶瓶了，妈妈需要你成为一个大男孩。"那么当幼儿像他们通常做的那样——要奶瓶或尿不湿时，到底对幼儿说什么才有用呢？一些家长可能会拒绝，一些家长可能会允许幼儿这样做，这些都是家长的个人决定。关于幼儿的要求，并没有绝对的对与错。当幼儿想要这些婴儿用品时，最重要的是成人要与他们讨论其正在经历的感受或矛盾，因为正是这种矛盾导致他们想要这些东西。以下说法就很有帮助。

"你知道，大孩子，甚至是大人，有时候也会有婴儿的感受。"

"有时候，做姐姐很难，也许你并不总是想帮我照顾宝宝。"

"有时候，被唤起的当婴儿的感受会让你想喝一瓶奶，但有时喝一瓶奶并不会让这种感受消失。"

"有时候学习这么多新东西是很难的，休息一下，和爸爸妈妈一起讲个故事也无妨呀。"

"当给宝宝喂奶时，我会花时间跟她在一起，但我们可以用其他方式在一起。也许你可以想出一个办法，我们可以在宝宝睡着了的时候一起玩儿。"

"喝一瓶奶，你感觉如何？"

"我想知道你为什么想穿尿不湿。"

"也许有时候你希望自己还是个小婴儿。"

所有这些话都向孩子们保证他们的感受是正常的,也是可以接受的。它们也鼓励幼儿表达自己的想法和观点,并探究他们想要这些东西的原因。

宝宝是从哪里来的?

当幼儿面对弟弟(妹妹)的出生时,他们要努力解决的第二个主要问题是"宝宝是从哪里来的?"。他们想知道宝宝是怎样进到妈妈的肚子里以及怎么生出来的。如果我们沿用那个神话故事——宝宝是由鹳鸟奇迹般带来的,那就是对幼儿撒谎。当二胎出生时,老大一般正处于学龄前期,怀孕就成了引起幼儿对性、性别差异和性别角色感到好奇的话题。

如何讨论出生

成人在和幼儿谈论性和分娩时会感到尴尬,通常也不愿意谈这件事。幼儿感觉不到这种程度的不适;事实上,他们对世界上的一切都感到好奇。3—5岁的幼儿正处于对性别差异有强烈兴趣的发展阶段,他们对自己的生殖器感兴趣、对自己的行为和感受感到好奇、对男女之间的差异感到好

奇。他们进行正常的探索和手淫，并对性观念和概念感到兴奋和好奇。如果在浴室看到其他孩子，他们会感到很尴尬；但当谈论"隐私部位"时，他们会非常兴奋。他们对男女之间的关系也很感兴趣，如果撞见成人之间有亲密的肢体接触，他们会尤为不解。

学龄前儿童也担心自己的力量和能力，与他们世界里的其他人相比，他们尤其感到渺小和无能。围绕着这些担忧，儿童通常会有所表现，如控制欲强、专横跋扈，他们还会因为不能做他们所希望的那些大人的事而感到沮丧。他们会在游戏中适当地扮演成人的角色，这样他们就能获得一些胜任感和效能感。对幼儿来说，现实情况是只有成人才能生孩子，而他们不能。因此，当面对宝宝如何出生的问题时，他们就充满了好奇、焦虑、羡慕，甚至嫉妒。此时，重要他人对幼儿这些问题和行为的回应就显得至关重要。

当幼儿问成人关于婴儿或性的问题时，成人经常感到焦虑，不确定该说什么。正当一个人认为他（她）准备好回答所有的问题时，孩子提出的问题却会让其不知道如何回答。用问题来回答幼儿的问题总是有用的，问"你觉得呢？"会赋予幼儿表达他们对特定事物的想法的能力。接下来，成人可以详细地说明准确的信息，或者纠正误解。例如，当幼儿问"婴儿是怎么生出来的？"时，他们一般就认为婴儿是在妈妈上厕所的时候生出来的。在了解了这些信息的基础上,成人就可以说:"当婴儿出生时,他们是通过产道,从阴道出来的,这和大小便排泄不是同一个地方。"有些幼儿会对这个答案很满意:"哦,就是这样啊。"如果幼儿像这样说时,我们就知悉他们满意了,并且不会再提其他问题。在向幼儿提供更多的信息之前,最好先确定他们是否有进一步的问题。如果他们没有问题了,成人就可以这样说:"你以后可能会有更多的问题,告诉我就好了。"不要让过量的信息淹没他们,这一点很重要,成人最好能从幼儿的反应中判断他们此刻需要多少信息。同样重要的是要记住,当幼儿问一个我们不知道该如何回答的问题时,成人可以说:"我需要想一下才能告诉你答案,我回头再告诉你。"但接下来,成人一定要记得跟进答案。

宝宝是怎么进到妈妈肚子里的?

也许成人最不愿意回答的问题就是"宝宝是怎么进到妈妈肚子里的?"或者"你是怎么怀上宝宝的?"。同样,为了回答这个问题,成人首先需要知道幼儿在想什么。学龄前儿童对这个问题众说纷纭,其中包括以下内容。

"我妈妈吃得很多,所以她怀了个宝宝。"

"我爸爸妈妈许愿说他们想要个宝宝,所以他们就得到了一个。"

"我告诉爸爸妈妈我想要个妹妹,所以他们就订了一个。"

"爸爸妈妈拥抱了,然后就怀了个宝宝。"

"爸爸给了妈妈一颗种子让她吞下去,然后妈妈肚子里就有宝宝了。"

这其中的一些陈述有部分准确信息,但并非完全准确。一旦成人知道了幼儿的想法是什么,他们就能更有效地回答问题。在回答这个问题时,谨记不要让过量的信息淹没幼儿。简单且准确的回答很重要。以下就是一个答案的范例。

"宝宝是由一个男人和一个女人共同造出来的。男人的阴茎里携带了精子,女人的卵巢里有卵子。当他们想要一个宝宝时,男人会把他的阴茎插入女人的阴道并释放精子。当精子与卵子相遇时,它们会结合在一起并开始慢慢长大,然后成为一个胎儿。精子和卵子从结合到成长为胎儿需要很长的时间。胎儿生活在母亲体内一个叫作'子宫'的特殊部位。在经历了长达9个月的时间后——这几乎与你今年生日到明年生日的时间一样长——胎儿就准备好要出生了。妈妈的身体能感知到胎儿将要出生的信号,子宫的肌肉就开始把胎儿从产道里推出来。在医院里,医生会帮助妈妈把胎儿推出产道,并且能确保妈妈和胎儿都平安健康。这些话包含了大量的信息,你可能无法完全理解。如果你感兴趣,我们可以看一些图片或一些书,你可能还会再问一些问题。"

分娩的准备

在母亲怀孕期间,如果幼儿能陪妈妈做一两次孕检,这对幼儿来说很有好处。听到胎儿的心跳、感受到胎动或者看到一些超声波图像,对幼儿都很有帮助。一些简单的发育中的胚胎图片也可以作为很好的辅助材料。每当幼儿接触到新信息时,我们一般可以这样问:"你听到胎儿的心跳有什么感觉?""你觉得这些图片怎么样?你还有其他的问题吗?"幼儿可能暂时没有评论,但是当他们和朋友聊天或玩玩具时,倾听他们的想法是很重要的。另外,在向幼儿告知过量的信息和回避或忽视他们的问题之间找到平衡也很重要。幼儿需要知道,无论他们有什么问题,成人都是可以接受的。

小　　结

当幼儿将要成为家里的老大时,他们主要有两大问题。①他们关心弟弟(妹妹)的出生是否会动摇他们在家里的地位,以及他们是否还能得到足够的关注和照料。在适应家庭

结构的变化之前,他们会感到伤心,也可能会非常依赖、黏人。②幼儿对宝宝是怎么怀上的以及怎么生出来的也感到好奇。对于这些问题他们有自己的观点,但是仍需要成人帮助他们进行修正并回答他们的问题。当幼儿了解了事实信息,并且这些信息的呈现方式能够帮助其感到自己对非常失控的情况有一定的认知控制时,幼儿就会更有能力来处理其成为哥哥(姐姐)后的情感反应。

第八章

"这很重要。当4岁时,我就是一个男人了,我要得到一辆车。"
——如何在帮助学龄前儿童表达愿望和失望的同时谈论自尊的话题

支持自尊的发展

花一周时间来观察儿童,试着找出那些惹你发笑的观察片段,这会让你觉得:"那个孩子一切都好。"这些片段可能是一些关于儿童微笑并流露出一种掌控感的观察。想一想刚学会走路的孩子,他想要的只是走。他张开双臂,双脚稍微有些吃力并向前移动,试图跟上他发现新能量的热情。虽然他还不会用语言表达自己的体验,但他似乎在说:"看我能做什么!世界,我来了!"他的热情是有感染力的,人们不禁微笑并为他新习得的这项技能感到高兴。听听那些蹒跚学步的儿童的呼喊:"我愿意!""再来一次!"观察学步儿坚持自己做事。观察当完成一件有挑战性的任务时,他们微笑、上蹿下跳,甚至拍手祝贺。听听学龄前儿童是怎么说的:"我可以自己做这件事。""看看我能把秋千荡多高。""我想我能做难的那个动作。"通过观察这些孩子，我们可以得出结论：他们自我感觉很好，并且他们正在建构更强的自尊感。通常，父母对孩子最大的愿望就是培养其积极的自我意识。他们常说的一句话是："我真的只是希望她自我感觉良好。"为什么有些孩子能获得积极的自我认知，而有些孩子却不能？该如何与孩子们交流，从而了解他们的自我感觉是什么样的？当孩子们经历希望和失望时，我们该如何帮助他们建立现实的自我预期？

❏ 自尊与幼儿

幼儿的自尊是其健康发展的一个非常重要的因素，这一观点绝对正确，而且父母需要知道。关于自尊的研究（Harter，1988，1999）表明，儿童期的高自尊与成年后的满足感和幸福感相关。相反，儿童期的低自尊与在学校期间和以后人际关系中的抑郁、焦虑和不适应相关。那么，与幼儿接触的成人所面临的挑战就是，要知道如何支持积极的自尊感的发展。为了解如何有效地做到这一点，理解一些发展性原则和研究结果就非常重要，因为这些研究描述了一些父母的特征，而这些父母的孩子在童年中期就发展出了高自尊。

第八章 "这很重要。当4岁时，我就是一个男人了，我要得到一辆车。" / 147

凯茜，4岁，《美丽的童话公主》

渐进发展的驱动力

所有的儿童都有发展的动力。虽然有些孩子的发展速度不同，但无论是观察一个12个月大的婴儿学习走路，还是观察幼儿园里的孩子尝试扮演成人的角色，你都很容易观察到这种驱动力。理论家们在描述这种动力的来源时意见不一。罗伯特·怀特（Robert White, 1960）恰如其分地将其描述为"效能与探索、操纵和掌控世界的动机"。经过反复的探索、操纵和掌控的体验后，幼儿会产生胜任感。正是这种掌控感或胜任感使幼儿建立了积极的自尊。如果孩子没有渐进发展的驱动力，那么就容易看出他的能力不足，人们就会质疑：孩子的发展出了什么问题并导致了这种停滞？

支持儿童独立性的发展

只有当幼儿与重要的照顾者之间建立起信任关系时，幼儿不断增强的独立性和自主性才能茁壮发展。正是通过这些关系，他们发展了对自我和他人的信任感，同时也被赋予了变得更加独立自主的能力。即使有志于成为独立的个休，他们也仍然需要知道，如果有必要，他们随时可以回到那个安全基地补充能量，甚至退行。有时候，这种矛盾的行为会让与孩子互动的成人感到困惑。在与依赖和独立做斗争时，幼儿需要知道这是正常的行为，也需要感受到这是被成人接纳的。下面的观点就没能传达出接纳感，比如："哦，你丢下妈妈离开了，现在你想乖乖地回来了"或者"哦，你不要像个小孩子一样"。如果成人能像这样说，幼儿更可能会产生认同感和接纳感，并能够谈论依赖与独立的冲突："有时候，很难分辨出你想成为一个大男孩还是一个小婴儿。有时一直当个大男孩确实太难了。"正是父母或其他成人的认同与接纳，被证实是支持儿童自尊发展的一个因素（Coppersmith，1967）。

很多时候，接纳儿童很容易。比如，当他们开心、投入和顺从时，这个任务就非常容易。但当他们易怒、黏人、固执和挑衅时，接纳儿童就很难了。值得注意的是，接纳并不一定意味着成人允许儿童做出极端的行为。相反，具有接纳性的成人能够承认并接纳儿童问题行为背后的情感因素，也能够传达出他（她）并不宽恕问题行为（如踢、打、尖叫等）的信息。不具有接纳性的成人会因儿童的行为而羞辱他（她），如："别黏着我了，你已经是个大姑娘了，别这样做，这会让我摔倒的。"具有接纳性的成人能够很好地沟通自己的期望，而不是羞辱孩子，例如："我知道来到一个新地方你感到紧张，但我会跟你在一起，如果你能拉着我的手，并且跟我说说你担心的事情，我就能更好地帮助你。"虽然儿童此刻可能不会说什么，但他（她）至少得到了成人的理解，并学到了一些应对困境的策略。另外，儿童还会认识到谈论困难情况是可能的事。

设置清晰界限的重要性

研究发现，成人为儿童设置清晰界限的能力，是支持儿童自尊发展的另一个因素（Coppersmith, 1967）。在幼儿出生的第二年，为他们设定界限就成为一个挑战。正是在这一年里，儿童有了越来越强的独立自主性。他们通常希望自己和周围的成人是无所不能的。他们也常常想通过成为所有人和所有事的主人来获得这种全能感。你会听到他们说"不"这个词。一些年龄稍大、表达能力稍强的2岁孩子，可能会更明确地表达出对全能的渴望:"因为我想让每个人去做我想让他们做的事。"18个月的幼儿就能从镜子里认出自己;18—24个月时,他们开始自豪地提起自己。当认识到自己是独立的个体时,他们就开始自己做计划,并开始意识到他们的计划和活动有时并不是成人想让他们做的。当被设置了合理的界限时,他们会在挑战界限的过程中逐渐意识到什么是对的、什么是错的。虽然他们不断地挑战界限,但他们还是渴望从自己生活中重要他人的眼中看到接纳和关爱。界限就需要以这样的方式来设置,以便儿童逐渐意识到他们不是全能的、成人也不是全能的。当设置界限时,如果儿童不因挑战界限而被羞辱,并且如果成人能帮助儿童找到一种替代性的、让他们感到有能力的活动,他们就能得到帮助。例如,儿童总是想在灶台上玩锅碗瓢盆,他们可以在父母做饭时用自己的烹饪玩具模仿做饭,这样能满足他们想成为像爸爸妈妈一样的人的愿望。有烹饪玩具玩的儿童至少可以体验到,他们想要成为像爸爸妈妈那样的人的渴望是一种美好的愿望,并且这种愿望也被他们所爱的人珍视。这种对幼儿愿望的肯定无疑会帮助他们建立自尊。

父母对个性的尊重

研究证明,与儿童自尊发展有关的第三个因素是父母对儿童个性的尊重（Coppersmith，1967）。那些认为自己可以做自己、有自己兴趣的儿童，即使与父母兴趣不同，他们通常也能够发展出积极的自我意识。

学龄前儿童想成为大人的愿望

当幼儿走出学步期并进入学龄前期时，他们通常已经下定决心要变得无所不能。那些成功做到这一点的幼儿对自己日益增长的独立性和能力持积极态度。他们开始觉得自己很成熟，他们希望像大人一样。还记得那个3岁的男孩自豪地对他妈妈说："当4岁时，我就是一个男人了，我要得到一辆车。"他们在很大程度上专注于扮演成人的角色。因此，在幼儿园的教室里，你可以看到一些与家庭场景相关的游戏。通常，游戏中令孩子们最头疼的就是决定谁来扮演母亲或父亲的角色，大多数孩子都在争取这两个角色，并努力解决这一困境造成的冲突。另一种在幼儿园教室里最常见的游戏，就是孩子们扮演超级英雄的角色。他们不断地与庞大而危险的敌人作战，并以胜利结束战斗，但他们没有太多时间享受胜利的喜悦，因为战斗又重新开始了。这种游戏看起来似乎很有局限性，也经常重复，但它往往有一个重要的目的。因为学龄前儿童渴望像他们世界里的大人一样，他们总是对自己比成人更小、更弱、更无能的事实感到失望。经历的失望越多，在与成人的互动、作为掌控全局的"成人"玩这些超级英雄游戏的过程中，他们可能就会变得越顽强。儿童想要长大变强的愿望是如此强烈，以至于与这些孩子互动的成人觉得他们必须限制孩子们似乎拥有的能量。他们甚至会觉得有必要与孩子们争论到底谁更大、更强、更有控制力。成人必须把握的微妙平衡是，能够在适当的时候为孩子设置界限，同时又能帮助他们面对失望，而不伤害他们的自尊。

正如设置界限和尊重儿童的个人风格对婴幼儿期自尊的建构非常重要一样，在与学龄前儿童的互动中这一点也同样重要。3—5岁幼儿的语言能力比蹒跚学步的孩子发展得更好，他们可以用语言来表达自己的感受、描述自己的经历。当经历失望和冲突时，他们也能够利用成人教给他们的模式来理解困惑和冲突的感觉。成人常常错误地认为幼儿不应该经历冲突或失望，所以他们只给幼儿表扬，并一直竭尽所能，他们认为这样幼儿就能发展出积极的自我意识。事实上，这种支持儿童自尊发展的方式，通常会导致儿童不快乐、无法忍受冲突或失望。他们并不会因掌控一切而感到舒服，他们会更努力地寻求限制、结构以及对自己的优缺点更现实的评价。如果儿童被欺骗，而且认为他们和他们的世界是完美的，那么他们的自尊就不会发展，因为没有人是完美的。没有经历过冲突或失望的儿童无法发展出应对失败或失望的策略，而当有这样的经历时,他们往往会感到崩溃。成人这样做的结果可能会导致儿童感到沮丧,而且他们并不会产生积极的自我意识。

儿童对设置界限和成人期望的反应

很明显,儿童会很仔细地观察成人。儿童能很敏锐地察觉到成人对他们的反应,也正是儿童生活中的成人为他们提供了衡量自己的标准。如果成人期望儿童是完美的,那么儿童就会觉得他们永远无法达到这些不可能实现的期望。如果成人不能给儿童设置界限,那么儿童就无法形成自己的内部控制系统,并且当继续挑战界限、寻找能支持他们发展自控能力的人时,他们也不会自我感觉良好。成人可以用很多方式与儿童讨论他们的愿望和失望,以及正在形成的自我意识。当成人这样做时,重要的是与孩子交谈时,要采用一种方式让儿童知道成人对他们的想法、反应和感觉很感兴趣。

帮助儿童谈论冲突

因为不同年龄的儿童面对的是不同的冲突,所以能够围绕他们的发展性矛盾来解决这些冲突十分重要。如果儿童能成功地克服发展上的困难,那么他们就会逐步建立自尊。儿童在每个发展阶段取得的成功越多,就越有能力迎接下一阶段的挑战。没有人能彻底解决冲突和完成发展任务,但儿童会发展个性特征和应对策略,这有助于他们应对这些发展挑战。当他们得到鼓励并畅所欲言地表达自己的想法和感受时,我们就是在帮助他们应对这些挑战。虽然在儿童面对发展性挑战的背景下,在与儿童谈论他们正在形成的自我意识时,成人没有具体的脚本可遵循,但可以考虑用一些方式来解决那些从一个发展水平到下一个发展水平的问题和挑战。

当与儿童讨论他们的愿望和失望以及正在形成的自尊时,记住最重要的是首先听他们说,而不要立刻告诉他们因为他们太小或不够强大而不能做什么事。很明显,孩子们需要得到保护,他们不能做那些太危险、超出他们能力范围的事情,但如果一表达自己的想法就被拒绝,他们可能会觉得自己不能有这样的想法和愿望,还可能会觉得自己什么都做不好。成人需要为儿童设置界限,但我们可以在接受并承认儿童的想法、感受和观点的背景下这样做,并为儿童提供一个他们能够做什么以及该如何成长、改变和学习的视角。接下来,让我们看一些学步期和学龄前儿童的具体案例。

学步儿的冲突

我们经常能听到学步儿说"不""让我来做"和"我的"。当不能按照自己的方式行事时,他们就会与父母发生争执,并且会发很长时间的脾气。他们希望并渴望无所不能,但当意识到自己和父母都没有这样的能力时,他们会感到失望(Mahler, 1975)。他们非常执着地想要获得这样的能力,但是当有人为他们设置了界限时,他们常常会感到释然。当幼儿发展出独立意识,思维更具理性,并且对自己不断发展的技能感到自信和胜任时,他们就经历了一个过程,在这个过程中,他们逐渐放弃了对全能的渴望。有时,当蹒跚学步的孩子最专横的时候,成人便觉得不得不和他们斗争,并且经常想要冲动地说:"我是老大,你不能当老大,你太小了。"虽然成人必须最终是掌控的人,而且这一点是事实,但这些话会让幼儿感到羞耻,往往会让他们觉得自己无法拥有自己的愿望和想法。

成人能对做斗争的学步儿说什么

成人可以对学步儿说一些话,这会让他们对自己感觉良好,与此同时,也能帮助他们发展更现实的对自我和世界的认知。当一个蹒跚学步的孩子坚持要主宰所有的人和事时,成人可以这样对他说:"你想成为所有人的老大。"幼儿可能会这样回答:"我就是老大。"成人可以这样回应:"是的,你确实正在学习成为你自己的好老大。你可以成为你玩具的老大,做一些你喜欢做的事。但你不可能一直是老大,我必须帮助你，或者阻止你做一些我认为不安全的事。"成人还可以说："有时候，当孩子很难做好自己的老大时，成人必须帮忙。"这些话承认了幼儿的愿望和心愿，同时也给了他们回应问题和重申愿望的机会。虽然幼儿可能会因他们不能主宰世界而感到失望，但他们不会因有这些愿望而感到羞耻，并且通过发展自己的能力以及听别人说自己是如何成长和学习的，他们开始看到自己是如何实现一部分愿望的。幼儿需要多次并在不同的情况下听到成人的这些话，了解这一点对我们来说很重要。自尊和合理的自我期待能力的发展是一个持续不断的过程。

帮助学龄前儿童讨论冲突

随着幼儿从学步期进入学龄前期，他们开始经历一系列全新的发展性挑战。这个年龄的孩子对一切都很好奇。随着自我意识的进一步完善，他们开始意识到同龄人之间的差异。他们开始对男孩和女孩、男人和女人之间的差异感兴趣。他们对成人的世界也有着强烈的兴趣。他们想要像成人一样，而且当在游戏中模仿生活中的重要他人时，他们常常看起来像小大人。他们所面临的困难是，他们的思绪会不断地被拉回现实，那就是他们并不是大人，而且事实上，与他们了解的成人相比，自己是多么的弱小和无能。然而，这并不能阻止他们试图寻找变得更像他们的父母或他们认识的大孩子的方法。想想那个想和爸爸摔跤的4岁男孩,他经常在比赛刚开始时坚信自己能赢,但很快他就意识到父亲的力量和能力是多么强大,而相比之下自己是多么弱小。如果他的父亲真的在比赛中做出让步,那么男孩可能会对获得胜利充满希望,并且强化他的努力,甚至达到伤害或挑战父亲的程度,如此,父亲便会觉得自己必须赢得摔跤比赛。更常见的情况是,最终的结果让小男孩感到他很弱小,也没有强大的能量。虽然这让孩子感到失望,但这并不一定意味着他的自尊会受到伤害。孩子们会对这种失望做出反应,那就是他们需要谈论并表达自己的渴望,而成人也有很多方法可以帮助他们做到这一点。

成人能对渴望成为大人的学龄前儿童说什么

当学龄前儿童坚持他们能做成人做的事情时,成人可以这样一种方式做出回应,如此我们就不会扼杀儿童想变成大人的愿望。有时候,孩子为了成为大人,会变得很有攻击性和挑衅性,以至于成人会被迫做出像这样无益的评论:"不,我比你大,你不能这么做"或者"你还没长大,你只是个小女孩,小女孩不能结婚"。就像成人需要帮助学步儿从一个更现实的视角来看待他们的全能一样,我们也需要帮助学龄前儿童认识到——即使他们不是真正的大人,他们同样是能干的、强大的和成熟的。与孩子们谈论他们对某样东西的渴望通常很有用。例如,我们可以这样说:"我知道你非常想变成大人,也知道你会因为不能做大人做的事而感到沮丧。"另外,我们还可以这样说,这有助于给孩子们一些希望,比如:"有一天你会长大成人,并且你会很强大。"孩子可能会回答:"但是,我已经是个大人了。"对此,最好的回复就是:"是的,你非常希望成为一个大人,以至于有时候你似乎已经是了。"另外,对成人来说,给儿童另一个视角,让他们看到自己成长和变化得多快,这也很有用。成人可以这样说:"就在不久前,你还不知道怎么爬上攀爬架,你需要妈妈推你荡秋千,现在你完全可以自己做这些事情了,这真的表明你正在变成一个大姑娘。"成人还可以评论孩子的身体发育,比如:"过去,你不站在凳子上就够不着水槽,但是现在你可以了,你真的在成长。"成人也可以鼓励孩子去想象他们成年后的世界,可以说:"我想知道你长大后想做什么,我想知道你的孩子将来是什么样子的。"这样的评论能鼓励孩子珍视自己的想法和愿望。同时,这也能给孩子们思考和回应的机会,能给他们带来一些控制感,并且孩子们可以有机会思考自己独特的品质和兴趣。帮助孩子们珍视自己的想法和愿望,也是建立在他们不断发展的自我意识之上的。当孩子们回答这些问题时,成人就能够更深入地了解他们的内心世界。

詹姆斯，5岁，《我》

小　结

自尊的发展是幼儿健康发展的重要组成部分。孩子们有先天的发展动力。为了发展积极的自我意识，他们需要信任的关系、适当的限制和期望，以及被欣赏和接纳他们个人思想、情感和想法的经历。通过与孩子们谈论他们的想法和愿望，成人需要不断地帮助他们建立合理的自我期望。成人总是需要承认孩子们的愿望，并帮助他们认识到，虽然还不是成人，但他们仍然能够以一种具有发展适宜性的方式成为能干的、强大的和成熟的人。

结束语

讨论棘手的话题

本书集中讨论了儿童如何谈论严肃、艰巨的话题。它探讨了在谈论这些话题时，成人需要考虑对儿童重要的发展性问题所做出的回应，以及在帮助儿童感到足够舒适地表达他们的想法并就棘手的话题提出问题时成人所发挥的作用。

为了让儿童能够自如地谈论出生和死亡、恐惧和愤怒等问题，有一些发展性支持和成就可以让这项任务顺利进行。如果儿童经历的是一个持续的、可预测的养育环境，并在这个环境中能与所爱的人形成稳固的依恋关系，那么他们就会自如地表达自己。理想的情况是，他们在表达情感和发展内在控制方面得到了支持，而且他们被允许在学习中保持好奇心和主动性。他们觉得可以表达自己的想法、提出问题，并且成人不会拖延或因为他们的评论而感到尴尬或不适。如果成人能够以鼓励儿童多说话或者帮助儿童处理困境的方式来倾听、回应，并且与儿童交流兴趣，那么儿童就能够也将会谈论这些棘手的话题。

❑ 讨论恐惧

儿童会有恐惧，有些恐惧是其发展水平的典型表现，有些是特殊表现。如果他们的恐惧被承认而不是被否定，儿童就会觉得他们可以告诉我们更多的事。

❑ 讨论愤怒

儿童会经历强烈的愤怒。他们需要帮助来了解愤怒是正常的，而且这并不意味着他们是坏人。他们需要成人的帮助来发展内在控制能力，以及学会用语言而不是行动来表达他们的感受。这种对强烈情感的表达和控制能力的发展是逐渐发生的。如果成人能给予儿童坚定而持续的界限、理解并承认儿童的感受、不使用体罚或羞辱，那么儿童就能成功地获得这些内在的控制能力。

❑ 讨论死亡

儿童将死亡视为他们世界里的自然事件，并对此充满好奇。当他们因努力变得更加独立而与分离感和失落感做斗争时，死亡就成为他们的一个相关话题。许多成人认为，与儿童谈论死亡对他们来说过于沉重。当儿童提出关于死亡的问题时，与其回避这个话题，不如与他们谈论死亡。儿童在很小的时候就能很好地理解成人潜在的情绪反应。如果成人认为死亡是一个禁忌话题，那么儿童为了减轻焦虑就不会再问他们想知道的问题。如果儿童经历了亲人的离世，那么成人就需要帮助他们来理解失去亲人所带来的（对他们自己和其他人的）复杂情感，这些情感包括悲伤、愤怒和焦虑。幼儿还没有获得一个普遍的、最终的、不可逆转的死亡观。如果他们确实在孩童时期经历过亲人的离世，那么他们通常需要在其他发展阶段对此进行重新审视和修正。

讨论世界

儿童是好奇的，并且他们需要成为积极的学习者。他们需要支持来对他们的世界进行批判性反思。在儿童发展关于世界的概念性知识时，成人可以为儿童提供他们所需要的支架或支持。他们能够进行严肃的讨论，并且在讨论的过程中通过提问、生成假设和研究数据来探索心理学、物理学和生物学的概念。这些讨论和探索可以发生在学校的小组会议中，也可以在亲子之间、师幼之间的单独对话中进行。

讨论出生和兄弟姐妹

弟弟（妹妹）的出生是一件能引起幼儿强烈好奇心和焦虑的事件。幼儿会对妈妈即将到来的分娩的未知情况感到焦虑。首先，幼儿担心会失去其在家庭中的地位，并且他们要处理成为哥哥（姐姐）的复杂情绪。幼儿需要能够谈论并表达他们在期待弟弟（妹妹）出生时所体会到的积极和消极的感受。幼儿对身体很感兴趣，他们自然也会对婴儿的形成和出生很好奇。他们需要被允许提问，并且必须得到他们所需要的信息。

讨论自尊

幼儿会努力发展独立自主的自我认知。当每天掌握新的技能时，他们会感到自豪，然而他们还渴望更大、更强、更成熟。虽然他们还不是成人，但我们可以帮助他们对自己所能做的事有胜任感。他们既可以表达失望，也可以保持想成为大人的愿望和梦想。

成人如何成为好的倾听者

成人要想有效地倾听儿童的心声，第一步就是花时间观察儿童的游戏和互动。观察儿童行为的重要性就像尝试观察儿童对情境的情感反应一样重要。你会在群体中看到儿童的个性。成人需要经常问自己的一个最大的问题是："我如何才能理解儿童当下的体验？"有时候这非常清晰，但有时候儿童的行为与他（她）对事件的感受或体验之间会出现矛盾。

当倾听儿童时，你要对听儿童需要说或问的话抱持信心，这一点非常重要。因为当儿童感到自己被倾听时，他们就会继续提问并分享能够反映其体验的信息和感受。

儿童的确会提出让成人感到不适和不确定的问题。不要试图回避问题，相反成人可以说："你有一些难题，我现在也不确定怎么回答，让我好好想一会儿，然后我们可以对此多进行一些探讨。"成人还可以问："你对这个问题有什么看法？"在成人与幼儿针对某个难题进行了一次交谈后，他（她）可以说："你以后可能会对这个问题有更多的疑问。请告诉我，或者我可以过几天再问你这件事。"

最后，当倾听并回应幼儿的问题时，要谨记三点。第一，永远要诚实。不要因为你认为他们无法理解死亡或极度恐惧，而告诉儿童错误的信息。儿童依赖我们对他们的诚实，这会成为他们信任自己和他人的基础。第二，我们给出的答案和解释必须与儿童的发展水平相适宜。第三，重要的是要知道，我们不需要给儿童过多的信息。我们需要通过观察和倾听来判断他们何时获得了当下所需要的信息。对儿童来说，总会有其他机会让他们把新旧问题一起提出来。如果感到自己被倾听和回应，儿童将会继续觉得他们能与有回应的成人一起讨论自己的思想、观点和感受。

参 考 文 献

Ainsworth, M. D. S.; Blehar, M. C.; Walters, E.; & Wall, S. (1978). *Patterns of attachment*. Hillsdale, NJ: Erlbaum.

Azmitia, M.; & Hesser, J. (1993). Why siblings are important agents of cognitive development: A comparison of siblings and peers. *Child Development, 64*, 430-444.

Bates, E. (1976). *Language and context: The acquisition of pragmatics*. New York: Academic.

Biber, B. (1963). *Play as a growth process*. New York: Bank Street Publications.

Bornstein, M. H. (1999). *Culture, parents, and children: Intranational and international study*. Paper presented at the meeting of the Society for Research in Child Development, Albuquerque.

Bowlby, J. (1969). *Attachment and loss* (Vol. 1). London: Hogarth.

Brazelton, T. B. (1983). *Infants and mothers: Differences in development*. New York: Delta.

Bretherton, I.; & Beeghly, M. (1982). Talking about internal states. The acquisition of an implicit theory of mind. *Developmental Psychology, 18*, 906-921.

Bridges, K. (1932). Emotional development in early infancy. *Child Development, 3*, 324-341.

Brody, G. H.; Stoneman, Z.; & Burke, M. (1987). Child temperaments, maternal differential behavior, and sibling relationships. *Developmental Psychology, 23*, 354-362.

Brooks, J. G.; & Brooks, M. G. (1993). *The case for constructivist

classrooms. Alexandria, VA: Association for Supervision and Curriculum Development.

Brown, M. W. (1938). *The dead bird*. New York: Dell.

Burns, S. M.; & Brainerd, C. J. (1979). Effects of constructive and dramatic play on perspective taking in very young children. *Developmental Psychology, 15*, 512-521.

Campos, J. J.; Caplovitz, K. B.; Lamb, M. E.; Goldsmith, H. H.; & Sternberg, C. (1988). Socioemotional development. In M. M. Haith & J. J. Campos (Eds.), *Handbook of child psychology: Vol. 2, Infancy and developmental psychobiology* (4th ed., pp. 783-915). New York: Wiley.

Chess, S.; & Thomas, A. (1977). Temperamental individuality from childhood to adolescence. *Journal of Child Psychiatry, 16*, 218-226.

Chomsky, N. A. (1976). *Reflections on language*. London: Temple Smith.

Connolly, J. A.; & Doyle, A. B. (1984). Relations of social fantasy play to social competence in preschoolers. *Developmental Psychology, 20*, 797-806.

Coopersmith, S. (1967). *The antecedents of self-esteem*. San Francisco: W. H. Freeman.

Curry, N. (1985). Where have all the players gone? In Curry, N. (Ed.), *The feeling child: Affective development reconsidered*. New York: Harworth.

Dansky, J. L. (1980). Make believe: A mediator of the relationship between play and associative fluency. *Child Development, 51*, 576-579.

Dewey, J. (1933). *How we think*. Lexington, MA: D.C. Heath.

Dunn, J. (1983). Sibling relationships in early childhood. *Child Development, 54*, 787-881.

Dunn, J.; Bretherton, I.; & Munn, P. (1987). Conversations about feeling states between mothers and their young children. *Developmental Psychology, 23*(1), 132-139.

Dunn, J.; & Kendrick, C. (1982). *Siblings*. Cambridge MA: Harvard University Press.

DYG, Inc. (2000). What grown-ups understand about children: A national benchmark survey (sponsored by Civitas, Zero to Three, Brio).

Eisenberg, N.; & Fabes, R. A. (1998). Prosocial development. In N. Eisenberg (Ed.), *Handbook of child psychology* (5th edition). New York: Wiley.

Erikson, E. H. (1950). *Childhood and society*. New York: Norton.

Ervin-Tripp, S. (1991). Play in language development. In B. Scales, M. Almy, A. Niculopoulou, & S. Ervin-Tripp, *Play and the social context of development in early care and education* (pp. 184-198). New York: Teachers College Press.

Essa, E. L.; & Murray, C. I. (1994). Young children's understanding and experience with death. *Young Children, 49*(4), 74-81.

Fabes, R. A.; Eisenberg, N.; Jones, S.; Smith, M.; Gutherie, I.; Poulin, R.; Shepard, S.; & Freidman, J. (1999). Regulation, emotionality and preschoolers' socially competent peer interactions. *Child Development, 70*, 432-442.

Feinman, S.; & Lewis, M. (1983). Social referencing at 10 months: A second-order effect on infants' responses to strangers. *Child Development, 54*, 878-887.

Freud, A. (1936). *The ego and mechanisms of defense*. New York: International Universities Press.

Freud, A. (1946). *The psychoanalytical treatment of children*. London: Imago.

Freud, A. (1965). *Normality and pathology in childhood: assessments of development.* New York: International Universities Press.

Furman, E. (1990). Mothers, toddlers and care. In S. Greenspan & G. Pollock (Eds.), *The course of life* (vol. 2, pp. 61-82). Madison, CT: International Universities Press.

Goldsmith, H. H.; & Gottesman, I. I. (1981). Origins of variation in behavioral style: A longitudinal study of temperament in young twins. *Child Development, 52*, 91-103.

Gottman, J. M.; Katz, L. F.; & Hooven, C. (1997). *Meta-emotion: How families communicate.* Mahwah, NJ: Erlbaum.

Greenacre, P. (1960). Considerations regarding the parent-infant relationship. *International Journal of Psychoanalysis, 41*, 571-584.

Harlow, H. F. (1959). Love in infant monkeys. *Scientific American, 200*, 68-86.

Harter, S. (1983). Cognitive-developmental considerations in the conduct of play therapy. In C. Schaefer & K. O'Connor (Eds.), *Handbook of play therapy* (pp. 95-127). New York: Wiley.

Harter, S. (1986). Processes underlying the construction, maintenance, and enhancement of the self-concept in children. In J. Suls & A. Greenwald (Eds.), *Psychological perspective on the self* (vol. 3). Hillsdale, NJ: Earlbaum.

Harter, S. (1998). The development of self representations. In W. Damon (Series Ed.) & N. Eisenberg (Vol. Ed.), *Handbook of child psychology: Vol. 3, Social, emotional, and personality development* (5th ed.), pp. 553-617. New York: Wiley.

Harter, S. (1999). *The construction of the self.* New York: Guilford.

Harter, S.; & Whitesell, N. (1989). Developmental changes in children's understanding of simple, multiple, and blended emotion concepts. In C. Saarni & P. Harris (Eds.), *Children's understanding of emotion* (pp. 81-116). Cambridge: Cambridge

University Press.

Hetherington, E. M. (1988). Parents, children and siblings: Six years after divorce. In R. A. Hinde & J. Stevenson (Eds.), *Relationships within families* (pp. 311-331). Oxford: Oxford University Press.

Izard, C. E. (1991). *The psychology of emotions.* New York: Plenum.

Izard, C. E.; & Malatesta, C. Z. (1987). Perspectives on emotional development: Differential emotions theory of early emotional development. In J. Osofsky (Ed.), *Handbook of infant development* (2nd ed., pp. 494-554). New York: Wiley.

Katz, L. F. (1999). *Toward a family based hyper vigilance model of childhood aggression.* Albuquerque, NM: The Society for Research in Child Development.

Keil, F. C. (1989). *Concepts, kinds, and cognitive development.* Cambridge, MA: MIT Press.

Mahler, M. S. (1975). *The psychological birth of the human infant.* New York: Basic.

Michalson, I.; & Lewis, M. (1985). What do children know about emotions and when do they know it? In M. Lewis & C. Saarni (Eds.), *The socialization of emotions* (pp. 117-139). New York: Plenum.

Parens, Henri. (1989). Towards a reformulation of the psychoanalytic theory of aggression. In S. I. Greenspan & G. H. Pollock (Eds.), *The course of life* (pp. 129-161). Madison, CT: International Universities Press.

Parten, M. (1932). Social play among preschool children. *Journal of Abnormal Social Psychology, 27,* 243-269.

Pepler, D. J.; & Ross, H. S. (1981). The effect of play on convergent and divergent problem solving. *Child Development, 52,* 1202-1210.

Piaget, J. (1952). *The origins of intelligence.* New York: International Universities Press.

Piaget, J. (1962). *Play, dreams and imitation.* New York: Norton.

Provence, S.; Naylor, A.; & Patterson, J. (1977). *The challenge of day care.* New Haven and London: Yale University Press.

Robertson, J. (1953). Some responses of young children to the loss of maternal care. *Nursing Times, 49*, 382-386.

Rogers, C.; & Sawyers, J. (1990). *Play in the lives of children.* Washington, DC: National Association for the Education of Young Children.

Rothbart, M. K.; & Bates, J. E. (1998). Temperament. In W. Damon (Ed.), *Handbook of child psychology* (5th ed., vol. 3). New York: Wiley.

Schonfeld, D. J.; & Smilansky, S. (1989). A cross-cultural comparison of Israeli and American children's death concepts. *Death Studies, 13*, 593-604.

Shonkoff, J. P.; & Phillips, D. (Eds.). (2000). *From neurons to neighborhoods. The science of early childhood development.* Washington, DC: National Academy Press.

Singer, J. (1972). *The child's world of make believe.* New York: Academic Press.

Speece, M. W.; & Brent, S. B. (1984). Children's understanding of death. In C. A. Corr & D. M. Corr (Eds.), *Handbook of childhood death and bereavement* (pp. 29-50). New York: Springer.

Spelke, E. S. (1988). The origins of physical knowledge. In L. Weiskrantz (Ed.), *Thought without language.* New York: Oxford University Press.

Sroufe, L. A. (1979). Socioemotional development. In J. Osofsky (Ed.), *Handbook of infant development.* New York: Wiley.

Stenberg, C.; Campos, J.; & Emde, R. N. (1983). The facial expression of anger in seven-month-old infants. *Child Development, 54*, 178-184.

Stocker, C., & Dunn, J. (1990). Sibling relationships in adolescence. In R. M. Lerner, A. C. Peterson, and J. Brooks-Gunn (Eds.), *The encyclopedia of adolescence*. New York: Garland.

Strassberg, Z.; Dodge, K.; Pettit, G.; & Bates, J. (1994). Spanking in the home and children's subsequent aggression toward kindergarten peers. *Developmental Psychopathology, 6*, 445-462.

Tappen, M. B. (1998). Sociocultural psychology: Exploring Vygotsky's "hidden curriculum". *Educational Psychologist, 33*, 23-33.

Tharp, G. R.; & Gillmore, R. (1988). *Rousing minds to life: Teaching, learning, and schooling in social context*. New York: Cambridge University Press.

Walden, T. (1991). Infant social referencing. In J. Garber & K. Dodge (Eds.), *The development of emotional regulation and deregulation*. New York: Cambridge University Press.

Wellman, M.; & Gelman, S. A. (1992). Cognitive development: Foundational theories of core domains. *Annual Review of Psychology, 43*, 337-375.

Wertheimer, M. (1945). *Productive thinking*. New York: Harper.

White, R. (1960). Competence and psychosexual stages of development. *Nebraska Symposium on Motivation* (pp. 97-106). Lincoln: University of Nebraska Press.

Vygotsky, L. S. (1962). *Thought and language*. Cambridge, MA: MIT Press.